MOSTRE SEU TRABALHO!

10 MANEIRAS DE COMPARTILHAR SUA CRIATIVIDADE E SER DESCOBERTO

Tradução de Isabel W. De Nonno

AUSTIN KLEON

Título original
SHOW YOUR WORK!
10 Ways to Share your Creativity and Get Discovered

Copyright © 2014 *by* Austin Kleon
Copyright das ilustrações © 2014 *by* Austin Kleon
Capa: Austin Kleon

Todos os direitos reservados.
Nenhuma parte desta obra pode ser reproduzida ou usada, ou transmitida por qualquer forma ou meio eletrônico ou mecânico, inclusive fotocópia, gravação ou sistema de armazenagem e recuperação de informação, sem a expressa autorização do editor.

Edição brasileira publicada mediante acordo com
Workman Publishing Company, Inc., Nova York

Direitos para a língua portuguesa reservados com exclusividade para o Brasil à
EDITORA ROCCO LTDA.
Rua Evaristo da Veiga, 65 – 11º andar – 20031-040 – Rio de Janeiro – RJ
Passeio Corporate – Torre 1
Tel.: (21) 3525-2000 – Fax: (21) 3525-2001
rocco@rocco.com.br/www.rocco.com.br

Printed in Brazil/Impresso no Brasil

Preparação de originais: Sofia Soter

CIP-Brasil. Catalogação na fonte.
Sindicato Nacional dos Editores de Livros, RJ.

K72m   Kleon, Austin
            Mostre seu trabalho! 10 maneiras de compartilhar sua criatividade e ser descoberto / Austin Kleon; tradução de Isabel W. De Nonno. – 1ª ed. – Rio de Janeiro: Rocco, 2017.
            il. (Pitchdeck)

            Tradução de: Show your work! 10 ways to share your creativity and get discovered
            ISBN 978-85-325-3090-5

            1. Empreendedorismo. 2. Negócios – Administração. 3. Sucesso nos negócios. I. Nonno, Isabel W. De. II. Título.

17-44028   CDD-658.11
                                                                                                        CDU-658.016.1

Impressão e Acabamento: **LIS GRÁFICA E EDITORA LTDA.**

PARA MEGHAN

UMA NOVA FORMA DE OPERAR 1

① VOCÊ NÃO TEM QUE SER UM GÊNIO 6

② PENSE EM PROCESSO, NÃO PRODUTO ... 30

③ COMPARTILHE UM POUCO
   TODOS OS DIAS 44

④ ABRA SEU GABINETE
   DE CURIOSIDADES 70

⑤ CONTE BOAS HISTÓRIAS ---------------- 88

⑥ ENSINE O QUE VOCÊ SABE ------------ 110

⑦ NÃO SE TORNE SPAM HUMANO -------- 120

⑧ APRENDA A APANHAR ---------------- 146

⑨ VENDA-SE ------------------------- 158

⑩ FIQUE POR PERTO ------------------ 180

"PARA ARTISTAS, PROBLEMA A É COMO SER

— HONORÉ

O MAIOR
RESOLVER
NOTADO."

DE BALZAC

> "Criatividade não é um talento. É uma forma de operar."
>
> — *John Cleese*

UMA NOVA FORMA DE OPERAR.

Quando tenho o privilégio de falar com meus leitores, a pergunta mais frequente é sobre autopromoção. *Como faço para meus projetos aparecerem? Como ganho visibilidade? Como ter um público? Como você fez isso?*

Eu *odeio* falar sobre autopromoção. O comediante Steve Martin é conhecido por se esquivar dessa pergunta com um conselho: "Seja tão bom que não vão te ignorar." Se apenas focar ser realmente bom, diz Martin, as pessoas irão até você. Fico feliz em concordar: você não precisa achar o público para o seu trabalho, ele vai achar você. No entanto, não basta ser bom.

Antes de querer ser encontrado, você precisa *ser encontrável*. Eu acredito que exista uma maneira fácil de expor seu trabalho e fazer com que ele seja descoberto *enquanto* você se mantém focado em ser muito bom naquilo que faz.

Quase todas as pessoas que admiro e que me inspiram hoje em dia, em qualquer profissão, colocaram o ato de *compartilhar* em sua rotina. Essas pessoas não estão badalando em festas e lançamentos, estão ocupadas demais para isso. Elas estão trancadas em seus estúdios, laboratórios ou cubículos, mas não mantêm seus trabalhos em segredo; elas mostram seus projetos e constantemente postam pistas do que estão fazendo, suas ideias e aprendizados na internet. Ao invés de gastar tempo fazendo contatos, estão tirando proveito dessa rede. Com a partilha generosa de suas ideias e seus conhecimentos, elas geralmente ganham um público ao qual podem recorrer quando precisam – para apoio, opiniões ou patrocínio.

Eu queria criar uma espécie de manual para iniciantes sobre este modo de funcionamento, então aqui está minha ideia: um livro para pessoas que odeiam a ideia de autopromoção. Uma *alternativa,* caso queira, para se autopromover. Vou tentar ensinar a você a pensar seus trabalhos como um processo contínuo, a compartilhar seus processos de uma maneira que atraia pessoas interessadas no que você faz e a lidar com os altos e baixos que surgem quando se coloca o trabalho, e você mesmo, no mundo. Se *Roube como um artista* era um livro sobre roubar referências de outras pessoas, este livro é sobre como se tornar referência para outras pessoas, para que elas roubem *você.*

Imagine se o seu futuro chefe não precisar ler seu currículo porque já lê o seu blog. Imagine ser um estudante e ganhar seu primeiro prêmio baseado num projeto da escola que você publicou online. Imagine perder seu emprego, mas ter contato com pessoas familiarizadas com seu trabalho e dispostas a te ajudar a encontrar um novo.

Construir algo

É um processo longo e incerto

Uma

criadora precisa

mostrar

seu

trabalho

Imagine tornar um projeto paralelo ou um hobby sua profissão porque você conhece alguém que poderia apoiá-lo.

Ou imagine algo mais simples e igualmente satisfatório: gastar a maior parte do seu tempo, energia e atenção praticando um ofício, aprendendo algo novo ou tocando um negócio, ao mesmo tempo possibilitando que seu trabalho atraia um grupo de pessoas que dividem os mesmos interesses.

Mostre seu trabalho. É a única coisa que você precisa fazer.

O VOCÊ QUE SER

NÃO TEM UM GÊNIO.

ENCONTRE UMA CENA.

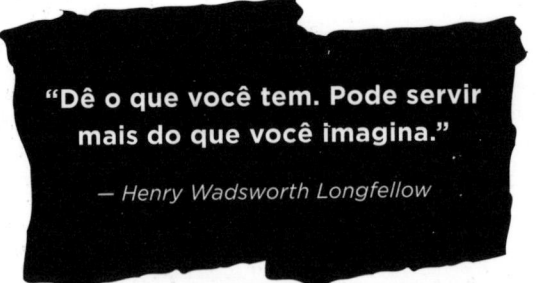

"Dê o que você tem. Pode servir mais do que você imagina."

— Henry Wadsworth Longfellow

Existem muitos falsos mitos sobre criatividade, mas um dos mais perigosos é o do "gênio solitário": um super-homem com talentos especiais que brotam em certos momentos da história sabe-se lá de onde, sem precedentes e influências, com uma ligação direta com Deus ou com a Musa. Quando a inspiração chega, é como se fosse um estalo, como uma lâmpada que se acende na cabeça, e a partir daí ele gasta seu tempo trabalhando em seu estúdio, criando um projeto que em breve será lançado com grande alarde para o mundo como uma obra-prima. Se você acredita no mito do gênio solitário, acha que a criatividade é uma ação *antissocial* praticada por apenas alguns homens notórios, em sua maioria já falecidos, como Mozart, Einstein ou Picasso. O resto de nós é deixado de lado, admirando estupefato o resultado final.

Existe uma maneira mais saudável de se pensar a criatividade, à qual o músico Brian Eno se refere como "cena". Neste modelo, grandes ideias são frequentemente geradas por um grupo de indivíduos criativos – artistas, curadores,

pensadores, teóricos e outros incentivadores – que formam um "ecossistema de talentos". Se você examinar a história com atenção, muitas das pessoas que consideramos gênios solitários eram na verdade parte de "uma cena onde havia apoio, troca, exibição de trabalhos, cópias, roubo de ideias e contribuições também". A cena não diminui as realizações daqueles grandes indivíduos, mas reconhece que um bom trabalho não é criado em um vácuo e que a criatividade é sempre, de alguma maneira, uma colaboração, um resultado de uma mente conectada a outras mentes.

O que eu adoro na ideia de cena é que ela abre espaço na história da criatividade para todos nós: pessoas que não se consideram gênios. Ser uma parte valiosa da cena não está relacionado necessariamente com sua esperteza ou talento, mas sim com o que se tem para contribuir – as ideias compartilhadas, a qualidade das conexões feitas, as conversas puxadas. Se esquecermos a genialidade e pensarmos mais em como podemos nutrir e contribuir para a cena, podemos ajustar nossas próprias expectativas e as dos universos que queremos que nos aceitem. Podemos parar de perguntar o que os outros poderiam fazer por nós e começar a nos perguntar o que poderíamos fazer pelos outros.

Nós vivemos numa época em que é mais fácil do que nunca pertencer a uma cena. A internet é basicamente um punhado de cenas conectadas, independente de distância geográfica. Blogs, redes sociais, grupos de e-mails, fóruns de discussão, todos são a mesma coisa: cenas virtuais onde pessoas se encontram e conversam sobre coisas que lhes interessam. Não existe nenhum controle, portão, nenhuma barreira para adentrar essas cenas. Você não precisa ser rico, não precisa ser famoso nem ter um bom currículo ou notas boas em uma escola conceituada. Na internet, qualquer um – do artista ao curador, do professor ao aluno, do profissional ao amador – tem a possibilidade de contribuir com algo.

Todos nós temos medo de ser revelados como amadores, mas na verdade hoje em dia o *amador* – o entusiasta que baseia seu trabalho no espírito do amor, independentemente do

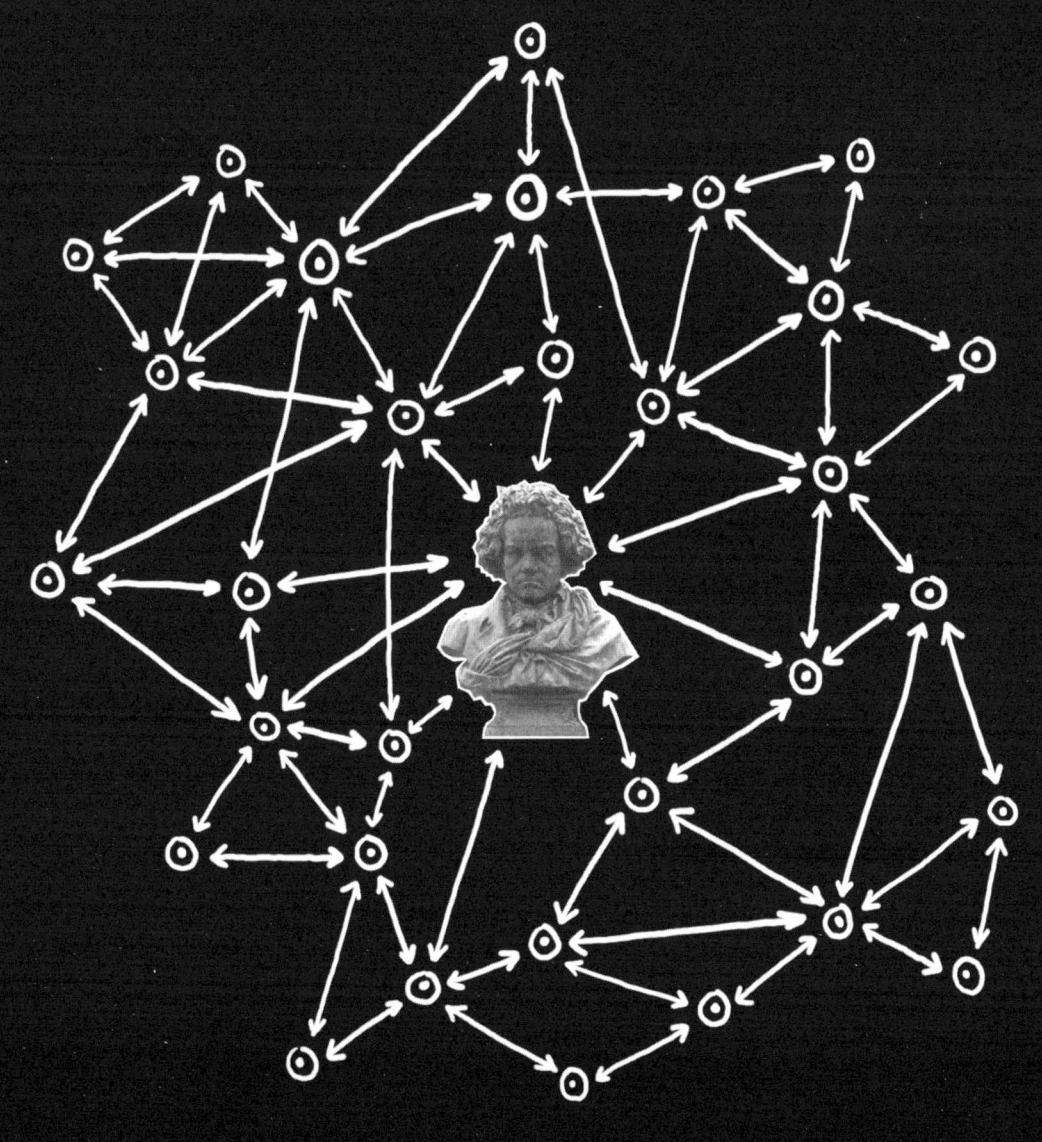

SEJA UM AMADOR.

> "Isso é o que todos nós somos: amadores. Não vivemos o suficiente para nos tornarmos outra coisa."
>
> — *Charlie Chaplin*

potencial de fama, dinheiro ou carreira – tem mais vantagens em relação ao profissional. Como o amador tem pouco a perder, está disposto a tentar e divulgar os resultados. Os amadores aproveitam as chances, experimentam e seguem seus impulsos. Às vezes, durante o processo de fazer coisas de maneira não profissional, eles descobrem coisas novas. "Na mente do novato, existem muitas possibilidades", disse o monge Zen Shunryu Suzuki. "Na mente dos experientes, poucas."

Amadores não têm medo dos erros ou de parecer ridículos em público. Eles estão apaixonados, logo não hesitam em fazer trabalhos que outros achariam bobos ou simplórios. "O ato mais estúpido de criatividade ainda é um ato criativo", escreveu Clay Shirky no seu livro *Cognitive Surplus*. "No espectro do trabalho criativo, a diferença entre o medíocre e o bom é ampla. A mediocridade está, entretanto, no espectro; é possível deixar de ser medíocre e se tornar bom aos poucos. O verdadeiro vão está entre não fazer nada e fazer algo." Amadores sabem que contribuir com algo é melhor do que não contribuir com nada.

Amadores podem não ter o aprendizado formal, porém estão dispostos a aprender, e fazem isso às claras, de modo que outras pessoas possam aprender com seus fracassos e sucessos. O escritor David Foster Wallace achava que a boa não ficção era a chance de "assistir a alguém razoavelmente brilhante, mas ao mesmo tempo razoavelmente mediano, prender sua atenção nos detalhes e pensar em assuntos variados com mais profundidade do que a maioria de nós pode pensar no dia a dia". Amadores cabem na mesma receita: são apenas pessoas normais que gastam boa parte do tempo pensando alto sobre algo por que são obcecadas.

Às vezes amadores têm mais para ensinar do que especialistas. "É comum ver dois alunos de escola resolverem juntos um problema em seus trabalhos melhor do que o mestre", escreveu o autor C.S. Lewis. "Um colega pode ajudar mais do que o professor porque ele sabe menos.

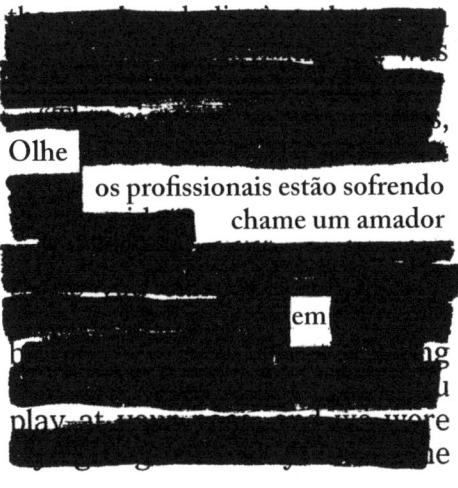

Olhe
os profissionais estão sofrendo
chame um amador
em

saia
do seu
grupo

desafie
perfeição

ame
algo mais

A dificuldade que ele explicará foi a que encontrou recentemente. O mestre se defrontou com ela há muito tempo e provavelmente já esqueceu." Observar o trabalho de amadores pode nos inspirar a tentar trabalhar também. "Eu vi os Sex Pistols", disse o vocalista da banda New Order, Bernard Sumner. "Eles eram horríveis... Minha vontade foi de levantar e ser horrível com eles." Entusiasmo puro é contagioso.

O mundo está mudando tão rápido que está transformando *todos* em amadores. Mesmo para profissionais, a melhor maneira de ver seu trabalho florescer é manter um espírito amador e abraçar o incerto e o desconhecido. Quando Thom Yorke, o líder da banda Radiohead, foi questionado sobre qual era o seu principal atributo, ele respondeu: "É que eu não sei o que estou fazendo." Assim como um dos seus ídolos, Tom Waits, quando Yorke acha que compor está confortável ou estagnado demais, pega um instrumento que não sabe tocar e tenta usá-lo para compor. Esta é mais uma característica dos amadores – usam todas as ferramentas à mão para tentar colocar suas ideias no mundo. "Cara, sou um artista", disse John Lennon. "Me dê uma tuba e tirarei algum som dela."

A melhor maneira de começar o caminho para mostrar o seu trabalho é pensar no que você gostaria de aprender e se comprometer a mostrar este aprendizado na frente dos outros. Ache uma cena, preste atenção no que os outros estão compartilhando e então comece a reparar no que *não* estão compartilhando. Esteja à procura de espaços vazios que você consiga preencher com o próprio esforço, não importa o quão ruim você seja no início. Não se preocupe, pelo menos agora, em como fará dinheiro ou construirá uma carreira a partir disso. Esqueça por um momento a ideia de ser um especialista ou profissional e vista a carapuça de amador (sua paixão, seu coração). Divida o que ama e atrairá as pessoas certas.

Sempre nos falam para encontrar *nossa própria voz*. Quando eu era jovem, não entendia direito o que isso queria dizer.

VOCÊ NÃO ENCONTRARÁ SUA VOZ SE NÃO A USAR.

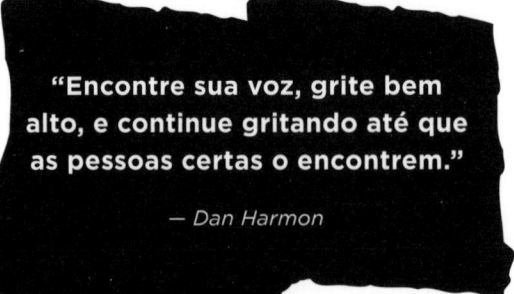

"Encontre sua voz, grite bem alto, e continue gritando até que as pessoas certas o encontrem."

— Dan Harmon

Eu me preocupava muito com essa tal voz, desejando encontrar a minha. No entanto, agora percebo que a única maneira de encontrar a voz é praticando. É instintiva, então a faça aparecer. Fale sobre as coisas que lhe interessam. Sua voz com certeza irá surgir.

Quando o crítico de cinema Roger Ebert passou por uma série de cirurgias extensas para tratar um câncer, acabou perdendo sua capacidade de falar. Ele literalmente perdeu sua voz – física e permanentemente. Aqui está um homem que trabalhava em grande parte falando na televisão e que agora não podia falar uma única palavra. Para se comunicar com seus amigos e familiares, o crítico teve que começar a escrever suas respostas em pedaços de papel, ou digitar no seu Mac e pedir para a voz mecânica do computador ler em voz alta.

Impedido de ter conversas diárias, focou sua energia em postar no Twitter, no Facebook e no blog, rogerebert.com. Gerou assim um número de postagens numa rapidez alucinante, escrevendo milhares de palavras sobre assuntos diversos – sua infância na cidade de Urbana, em Illinois,

DÚVIDAS SOBRE UMA NOVA FERRAMENTA

PARA QUE FOI FEITA?

COMO OS OUTROS USAM?

QUE USO EU ENCONTRO PARA ISSO?

sua paixão pelo restaurante Steak'n Shake, suas conversas com atores famosos, seus pensamentos sobre sua morte inevitável. Centenas de pessoas comentavam os posts e ele respondia. Postar no blog se tornou sua maneira primária de comunicação com o mundo. "Na internet, minha voz real encontra expressão", escreveu.

Ebert sabia que seu tempo neste planeta era curto e por isso queria compartilhar tudo que podia no período que lhe restava. "O sr. Ebert escreve como se fosse uma questão de vida ou morte porque é", notou a jornalista Janet Maslin. Ebert postava porque tinha que postar – porque era uma questão de ser ou não ser ouvido. Uma questão de existir ou não.

Pode soar um pouco extremo, porém, hoje em dia, se o seu trabalho não estiver online, ele não existe. Todos nós temos a oportunidade de usar nossa voz para nos expressar, mas vários de nós a desperdiçamos. Se quer que as pessoas saibam o que você faz e o que lhe interessa, precisa dividir com elas.

"Lembrar que estarei morto em breve é a ferramenta mais importante que já encontrei para me ajudar a fazer grandes escolhas na vida. Porque quase tudo — expectativas externas, orgulho, medo de passar vergonha ou falhar — simplesmente some diante da face da morte, deixando apenas o que é verdadeiramente importante. Lembrar que você vai morrer é a melhor maneira que conheço para evitar a armadilha de pensar que você tem algo a perder. Você já está nu."

— *Steve Jobs*

LEIA OBITUÁRIOS.

Se tudo isso soa assustador ou trabalhoso demais, considere isto: um dia você estará morto. A maioria de nós prefere ignorar este fato básico de nossa existência, mas pensar a respeito do nosso fim inevitável é uma maneira de colocar tudo em perspectiva.

Todos já lemos relatos de experiências de quase morte e como podem mudar uma vida. Quando George Lucas era adolescente, sofreu um grave acidente de carro. A partir dali, decidiu que "todo dia a partir de então era um dia extra", dedicou sua vida ao cinema e acabou dirigindo

Guerra nas Estrelas. Wayne Coyne, vocalista da banda The Flaming Lips, tinha 16 anos quando apontaram uma arma para ele no restaurante Long John Silvers, onde trabalhava. "Eu percebi que ia morrer", disse ele.

"E quando pensei nisso... Me mudou completamente... Eu pensei: 'Não vou sentar aqui e esperar que as coisas aconteçam, vou fazer acontecer, e se as pessoas acharem que sou um idiota, não vou me importar.'"

Tim Kreider, em seu livro *We Learn Nothing*, disse que ter sido esfaqueado na garganta foi a melhor coisa que lhe aconteceu. Durante um ano, ele estava feliz e achando a vida boa. "A gente acha que a sensação de quase ser morto transforma a vida para sempre", escreveu Kreider, mas "a iluminação não durou." Finalmente ele retornou para "a vida trabalhosa". O autor George Saunders, sobre a própria experiência de estar próximo da morte, falou: "Durante três ou quatro dias depois do ocorrido, o mundo era um lugar lindo. Por estar de volta nele, sabe? E pensei:

'e se você puder andar por aí assim o tempo todo, realmente ter a consciência de que em algum momento chega ao fim? Esse é o truque.'"

Infelizmente, sou uma covarde. Por mais que eu queira a euforia existencial que vem junto com a experiência, não *quero* realmente me aproximar da morte. Quero permanecer segura e o mais longe da morte que puder. Certamente não quero atrair a morte, nem trazê-la para mais perto do que precisa estar. No entanto, de alguma maneira quero ter em mente que ela chegará para mim.

É por esta razão que leio obituários todas as manhãs. Eles são uma forma de covardes se aproximarem da morte. Ler sobre isso é minha maneira de pensar sobre ela enquanto a mantenho bem distante.

Obituários não falam realmente sobre a morte, mas sobre a vida. "O assunto de todo obituário é quão heroica e nobre a pessoa foi", escreveu a artista Maira Kalman. Ler a respeito de pessoas que morreram e que fizeram coisas uma experiência de quase morrer

para todos nós.

interessantes durante a vida me dá vontade de levantar e fazer algo decente com a minha. Pensar na morte todas as manhãs me faz querer viver.

Experimente: comece a ler obituários todas as manhãs. Se inspire nas pessoas que viveram antes de você – todas começaram como amadoras e chegaram aonde queriam aproveitando o que receberam e tendo a coragem de se mostrar. Siga o exemplo delas.

② PENSE

NÃO

EM PROCESSO, PRODUTO.

> "Muitas pessoas estão acostumadas a apenas ver o resultado do trabalho. Elas nunca veem o processo que foi percorrido até chegar a ele."
>
> — *Michael Jackson*

MOSTRE OS BASTIDORES.

Quando uma pintora fala sobre o seu "trabalho", pode estar falando de duas coisas diferentes: existe a *obra de arte*, o trabalho finalizado, emoldurado e preso numa parede de galeria, e existe o *trabalho artístico*, o dia a dia nos bastidores do seu estúdio, procurando por inspirações, tendo ideias, aplicando óleo na tela etc. Existe "pintura", o substantivo, e existe "pintar", o verbo. Assim como em qualquer trabalho, existe uma distinção entre o *processo* de pintar e o *produto* final do processo.

Tradicionalmente, a artista é treinada para olhar para o seu processo criativo como algo que deve ser mantido para si mesma. Esta maneira de pensar é articulada por David

O trabalho é tudo que acontece ao longo do dia.

É um processo, não uma coisa

Bayles e Ted Orland no livro *Art and Fear*: "Para todos os espectadores, o que importa é o produto: o resultado final. Para você, e somente você, o que importa é o processo: a experiência de lapidar o trabalho." É esperado que uma artista trabalhe em segredo, guardando as ideias e o trabalho a sete chaves, enquanto espera chegar a um resultado satisfatório para si mesma e aí mostrar para o público. "Os detalhes do processo são completamente desinteressantes para o público", escreveram Bayles e Orland, "porque quase não são visíveis – ou mesmo compreensíveis – quando se vê o trabalho finalizado."

Tudo isso fazia sentido em uma era pré-digital, quando a única maneira de uma artista se comunicar com o público era por meio de uma exposição ou de uma revista especializada em arte. Porém, hoje em dia, tirando proveito da internet e das redes sociais, uma artista consegue compartilhar tudo que quiser, quando bem entender, praticamente sem custos. Ela pode decidir exatamente o quanto do seu trabalho e dela mesma quer mostrar, além de decidir o quanto do processo dividir – ela pode compartilhar rascunhos e obras inacabadas, postar fotos do estúdio ou escrever sobre suas influências, inspirações e ferramentas. Ao partilhar seu processo no dia a dia, as coisas que realmente importam, forma uma conexão especial com seu público.

Para vários artistas, particularmente os que cresceram antes da era digital, esse tipo de abertura e potencial vulnerabilidade ao dividir o processo particular é uma ideia aterrorizante. Em 1846, o autor Edgar Allan Poe escreveu: "A maioria dos escritores – poetas em especial – prefere ter o entendimento que escrevem a partir de uma espécie de leve frenesi – uma intuição extática – e seria certamente aterrorizante deixar o público dar uma espiada por trás da cortina."

Todavia, seres humanos se interessam por outros seres humanos e pelo que fazem. "Pessoas querem mesmo

O PROCESSO É UMA BAGUNÇA.

saber como salsichas são feitas." É como os designers Dan Provost e Tom Gerhardt colocaram em seu livro sobre empreendedorismo, *It Will Be Exhilarating*. "Ao expor seu trabalho com frequência, é possível criar um relacionamento com os seus clientes. É possível ver a pessoa por trás do produto." O público não quer apenas ver um bom trabalho, mas também fazer parte da criação e do processo. Deixando nosso ego um pouco de lado e expondo nosso processo, abrimos a possibilidade para as pessoas criarem uma conexão conosco e com nosso trabalho, o que nos ajuda a vender ainda mais do nosso produto final.

> "Para fazer as conexões acontecerem, temos que permitir sermos vistos, verdadeiramente vistos."
>
> — *Brené Brown*

TORNE-SE UM DOCUMENTARISTA DO QUE FAZ.

Em 2013, a internet se apaixonou pelo astronauta Chris Hadfield, comandante da Estação Espacial Internacional.

Três anos antes, Hadfield e sua família estavam sentados em volta da mesa de jantar, tentando descobrir maneiras de criar mais interesse na Agência Espacial Canadense, que, como vários programas, cortou custos e precisava de maior público. "Papai queria uma forma de ajudar as pessoas a se conectarem com a verdadeira face do que é ser um astronauta", disse o filho de Hadfield, Evan. "Não apenas o glamour e a ciência, mas também as atividades rotineiras."

O comandante Hadfield queria mostrar o seu trabalho.

As coisas se encaixaram quando os filhos explicaram o que eram redes sociais e fizeram com que ele criasse contas no Twitter e em outros sites. Durante os cinco meses seguintes de missão, enquanto realizava seus deveres regulares de astronauta, ele postava no Twitter, respondia perguntas dos seus seguidores, publicava fotos da Terra, gravava músicas e fazia vídeos de si mesmo no YouTube cortando as unhas, escovando os dentes, dormindo e até consertando a estação espacial. Milhões de pessoas devoraram tudo que era publicado, inclusive meu agente, Ted, que postou no Twitter: "Não costumo ver vídeos de dois caras consertando encanamento, mas esse é NO ESPAÇO!"

Tudo bem, não somos todos artistas ou astronautas. Muita gente sai para trabalhar e sente como se não tivesse nada para mostrar no final do dia. No entanto, não importa a natureza do seu trabalho, existe uma arte em fazer o que você faz e existem pessoas interessadas nessa arte, você só precisa apresentá-la da maneira certa. Na verdade, compartilhar o seu processo é ainda mais valioso se os resultados do seu trabalho não forem tão fáceis de mostrar, se ainda estiver no estágio de aprendizado do seu trabalho, se não tem um portfólio para apresentar ou se o seu processo não resulta em produtos finais tangíveis.

Como você pode mostrar o seu trabalho mesmo que não tenha nada para mostrar? O primeiro passo é fazer um levantamento dos rascunhos e itens descartados ao longo do processo e colocá-los em um formato interessante que seja possível compartilhar. Você tem que transformar o invisível em algo que os outros possam ver. Quando perguntaram ao jornalista David Carr se tinha algum conselho para dar para estudantes, ele respondeu: "Você tem que fazer coisas. Ninguém vai se importar com o seu currículo; eles querem ver o que você fez com seus próprios dedinhos."

Torne-se um documentarista do que faz. Comece um diário de trabalho, escrevendo seus pensamentos em um caderno,

PESQUISAS	DIÁRIOS
REFERÊNCIAS	RASCUNHOS
DESENHOS	PROTÓTIPOS
PLANOS ~~PLECS~~	DEMONSTRAÇÕES
RABISCOS	DIAGRAMAS
ENTREVISTAS	NOTAS
GRAVAÇÕES	INSPIRAÇÕES
FOTOGRAFIAS	ÁLBUNS
VÍDEOS	HISTÓRIAS
RECORTES	COLEÇÕES

ou falando eles para um gravador. Mantenha um caderninho de anotações.

Faça muitas fotos do seu trabalho em diferentes etapas do processo. Grave vídeos do seu trabalho. Não se trata de fazer arte, e sim registrar o que está acontecendo a seu redor. Aproveite todas as ferramentas baratas e fáceis à sua disposição – hoje em dia, a maioria de nós carrega um estúdio multimídia totalmente funcional no celular.

Compartilhando ou não, documentar e gravar o seu processo na medida em que ocorre traz suas próprias recompensas: você começará a ver o seu trabalho mais claramente e sentirá que está progredindo. E quando estiver finalmente pronto para dividi-lo, terá um material bruto extenso.

③ COMPAR

POUCO TODOS

TILHE UM
OS DIAS.

> "Se exponha e exponha seu trabalho todos os dias e você começará a conhecer pessoas incríveis."
>
> — *Bobby Solomon*

ENVIE UM RELATÓRIO DIÁRIO.

O sucesso da noite para o dia é um mito. Pesquise a história da maioria desses casos de sucesso repentino e você encontrará uma década de trabalho e perseverança. Construir um bom trabalho demanda tempo – uma vida, na verdade –, mas felizmente não é necessário esse tempo todo de uma vez. Esqueça as décadas, os anos e os meses. Foque os dias.

O dia é a única unidade de tempo em que tenho que fixar minha cabeça. Estações mudam, semanas são completamente previsíveis, mas o dia tem um ritmo. O sol nasce, o sol se põe. Eu consigo lidar com um dia.

Todo dia, quando terminar de trabalhar, volte para seus registros e encontre algo do seu processo que possa dividir. Onde você estiver no processo irá determinar o que será compartilhado. Se estiver no início, fale de suas influências e do que o inspira. Se estiver no meio da execução de um projeto, escreva sobre os seus métodos ou compartilhe o progresso do trabalho. Se você acaba de completar um projeto, mostre o resultado final e o que foi deixado de lado, ou escreva sobre o que aprendeu. Se você tem vários projetos acontecendo, pode reportar como estão sendo desenvolvidos – é interessante também contar histórias de como as pessoas interagem com seu trabalho.

Um relatório diário é muito melhor que um currículo ou um portfólio, porque mostra no que estamos trabalhando *neste momento*. Quando o artista Ze Frank estava entrevistando candidatos, reclamou: "Peço para me mostrarem seus trabalhos e eles me mostram coisas que fizeram na faculdade, ou em outros empregos, mas estou

UM MÊS
↓

× ×
× × × × ×
× × × × × ×
× × × × × ×
× × × × × ×
× × × × × ×

UM DIA
↓

×

UM ANO

↓

mais interessado no que fizeram semana passada." Um bom relatório diário é equivalente a assistir a todo o conteúdo extra de um DVD antes do filme começar – é possível ver cenas deletadas e ouvir os comentários do diretor *enquanto* o filme está sendo feito.

A forma do que você divide não importa. Seu relatório diário pode ser o que você quiser – um texto em um blog, um e-mail, um post no Twitter, um vídeo do YouTube ou qualquer outra mídia. Não tem um formato único.

Redes sociais são o lugar perfeito para dar notícias diárias. Não se preocupe em estar em todas as plataformas; escolha uma baseado no que gostaria de fazer e nas pessoas que gostaria de atingir. Diretores e editores se encontram no YouTube e no Vimeo. Empresários, por alguma razão estranha, adoram o LinkedIn. Escritores amam o Twitter. Artistas visuais tendem a usar o Tumblr, o Instagram e o Facebook. A paisagem está sempre mudando e novas plataformas estão sempre surgindo... e desaparecendo.

Não tenha medo de começar a usar uma plataforma nova – pule de cabeça e veja o que você pode fazer de interessante com ela. Se não achar um bom uso, sinta-se livre para abandoná-la. Use sua criatividade. O crítico de cinema Tommy Edison, que é cego desde o seu nascimento, faz fotos do seu dia a dia e posta no Instagram em sua conta @blindfilmcritic. Ele tem mais de 30 mil seguidores!

Muito do uso das redes sociais é só escrever em caixas. O que você escreve depende do propósito. O Facebook faz perguntas para estimulá-lo, como "No que você está pensando?" ou "Como você está se sentindo?". A pergunta do Twitter também é ampla demais: "O que está acontecendo?" Eu gosto das boas-vindas do dribble.com: "No que você está trabalhando?" Foque essa pergunta e vai dar certo. Não mostre o seu almoço ou o seu café, mostre seu trabalho.

Não se preocupe com que tudo no seu post seja perfeito. O escritor de ficção científica Theodore Sturgeon uma vez disse que 90% de tudo é lixo. O mesmo é válido para o nosso

LEI DE STURGEON

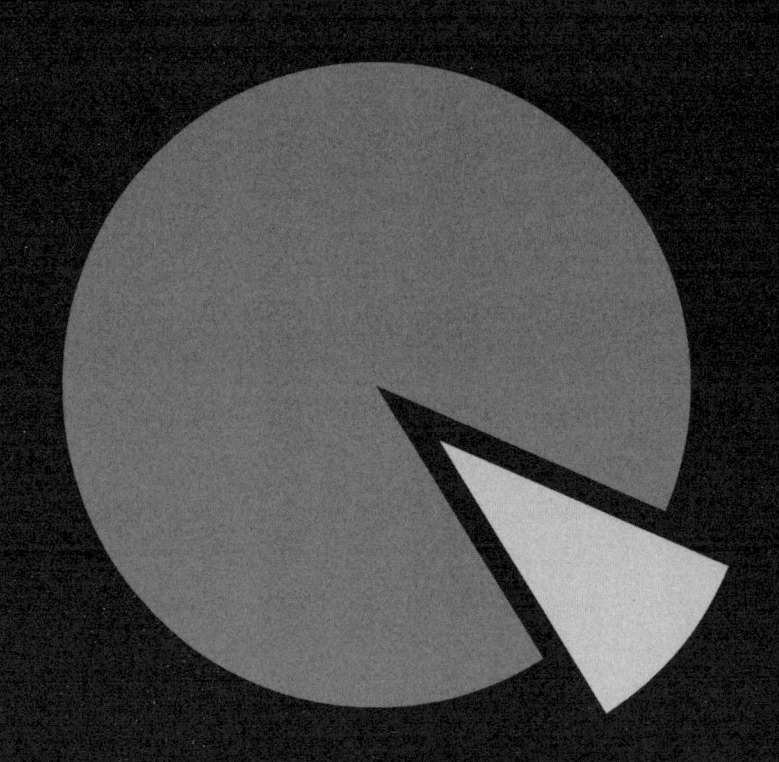

■ LIXO   ■ NÃO LIXO

trabalho. O problema é que nós nem sempre sabemos o que é bom e o que é ruim. Por isso é importante mostrar o que fazemos para outras pessoas e observar como reagem. "Você nem sempre sabe o que tem", disse o artista Wayne White. "É realmente necessário um pouco de química social para se encontrar em alguns momentos."

Não diga que você não tem tempo suficiente. Todos somos ocupados, mas todos temos 24 horas no nosso dia. As pessoas geralmente me perguntam: "Como você encontra tempo para tudo isso?" E respondo: "Eu procuro." Você encontra tempo no mesmo lugar em que encontra moedas soltas: nos cantos e frestas. Você encontra nas lacunas entre as coisas importantes – em seu trajeto para o trabalho, na hora do almoço, nas poucas horas depois de os filhos terem ido dormir. Você talvez tenha que perder um episódio do seu programa de televisão favorito, talvez precise perder uma hora de sono, mas conseguirá encontrar tempo se procurar por ele. Gosto de trabalhar quando o mundo está dormindo e compartilhar quando o mundo está trabalhando.

Claro que não deve deixar o ato de compartilhar se sobrepor ao fazer. Se você estiver tendo dificuldade em balancear as duas coisas, coloque um despertador para meia hora depois. Quando o despertador tocar, saia da internet e volte a fazer o seu trabalho.

> "Um dia de cada vez. Parece tão simples. Na verdade é simples, mas não é fácil: requer uma enorme persistência e uma estrutura cuidadosa."
>
> — *Russell Brand*

O TESTE DO "E DAÍ?".

> "Não se engane: este não é o seu diário. Você não está colocando tudo para fora. Você está escolhendo e selecionando cada palavra."
>
> — *Dani Shapiro*

Sempre lembre que qualquer coisa que postar na internet se tornará pública. "A internet é uma máquina de copiar", escreveu o autor Kevin Kelly. "Uma vez que qualquer coisa que possa ser copiada entra em contato com a internet, será copiada, e essas cópias ficam pairando." Idealmente você gostaria que o trabalho que posta fosse copiado e se espalhasse pelos quatro cantos da internet, desde que não poste na rede coisas que não esteja preparado para que todo mundo veja. Como a assessora de imprensa Lauren Cerand diz: "Poste como se todo mundo que ler tivesse o poder de demiti-lo."

Esteja aberto, compartilhe trabalhos inacabados e imperfeitos sobre os quais deseja um retorno, mas não compartilhe tudo. Existe uma enorme diferença entre dividir e sobrecarregar.

O ato de dividir é um ato de generosidade – você está colocando algo no mundo porque acredita que pode ser útil ou interessante para alguém do outro lado da tela.

O QUE MOSTRAR:

- ~~CACHORROS~~
- ~~GATOS~~
- ~~BEBÊS~~
- ~~SELFIES~~
- ~~PÔR DO SOL~~
- ~~ALMOÇOS~~
- ~~CAFÉS~~
- (TRABALHO)

Tive uma professora na faculdade que devolveu nossos trabalhos corrigidos, andou até o quadro-negro e escreveu em letras garrafais: "E DAÍ?" Ela jogou o pedaço de giz fora e disse: "Se faça essa pergunta toda vez que escrever algo." Eu nunca esqueci a lição.

Antes de compartilhar qualquer coisa, faça o teste do "E daí?". Não pense demais, siga sua intuição. Se estiver inseguro sobre compartilhar algo, deixe quieto por um dia. Coloque em uma gaveta e dê uma volta lá fora. No dia seguinte, pegue de volta e veja com um olhar mais descansado. Pergunte a si mesmo: "Isso é útil? É interessante? É algo que me sinto confortável em postar caso meu chefe ou minha mãe vejam?" Não há nada de errado em guardar coisas para mais tarde. O botão de SALVAR COMO RASCUNHO é profilático – talvez não dê o melhor resultado no momento, mas no dia seguinte você ficará feliz de ter usado.

```
┌─────────────────────┐
│   EU DEVO           │
│   COMPARTILHAR?     │
└──────────┬──────────┘
           ↓
┌─────────────────────┐
│   É ÚTIL OU         │
│   INTERESSANTE?     │
└──┬───────┬────────┬─┘
   ↓       ↓        ↓
 ┌───┐  ┌────┐  ┌───────┐
 │SIM│  │NÃO │  │NÃO SEI│
 └─┬─┘  └─┬──┘  └───┬───┘
   ↓      ↓         ↓
┌──────┐ ┌─────┐ ┌──────────┐
│COM-  │ │DES- │ │DEIXE PARA│
│PAR-  │ │CARTE│ │DEPOIS    │
│TILHE │ │     │ │          │
└──────┘ └─────┘ └──────────┘
```

TRANSFORME SEU FLUXO EM ESTOQUE.

> "Se você trabalhar um pouquinho todo dia na mesma coisa, terminará com algo enorme."
>
> — *Kenneth Goldsmith*

"Estoque e fluxo" é um conceito econômico que o escritor Robin Sloan adaptou como uma metáfora para a mídia: "Fluxo é o *feed* de notícias. São os posts e os *tweets*. É o fluxo de atualizações diárias, ou mais frequentes, que lembram as pessoas que você existe. Estoque é o material durável. É o conteúdo que produz, que é tão interessante hoje quanto em dois meses (ou dois anos). É o que as pessoas descobrem através da pesquisa. É o que se espalha devagar e sempre, criando fãs ao longo do tempo." Sloan fala que a fórmula mágica é manter o seu fluxo contínuo enquanto trabalha no seu estoque nos bastidores.

Na minha experiência, a melhor forma de compor seu estoque é coletando, organizando e expandindo o seu fluxo. Redes sociais funcionam muito como cadernos públicos – são espaços nos quais pensamos em voz alta, deixando outras pessoas falarem, para então pensarmos mais um pouco. No entanto, é preciso revisitar cadernos a fim de aproveitá-los ao máximo. Você tem que voltar para

FLUXO

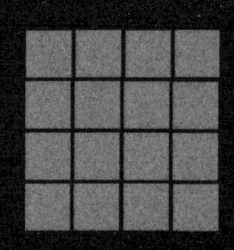

ESTOQUE

as velhas ideias para saber no que tem pensado. Quando o compartilhamento se tornar parte de sua rotina diária, notará temas e tendências surgindo no que compartilha. Você encontrará padrões no seu fluxo.

Quando detectá-los, poderá começar a reunir esses pedaços e transformá-los em algo maior e mais substancial. Você transformará seu fluxo no seu estoque. Por exemplo, um monte de ideias neste livro começaram como posts no Twitter, que depois se transformaram em posts no meu blog e por fim em capítulos de livro. Pequenas coisas, ao longo do tempo, podem se tornar grandes.

CONSTRUA UM BOM NOME (DE DOMÍNIO).

> "Construir um espaço online para você, onde seja possível se expressar e mostrar o seu trabalho, ainda é um dos melhores investimentos do seu tempo."
>
> — Andy Baio

Redes sociais são ótimas, mas elas vêm e vão (lembra-se do Myspace? Orkut? GeoCities?). Se você está realmente interessado em dividir o seu trabalho e se expressar, nada melhor do que ter o seu próprio espaço online, um lugar que você controle, um espaço que ninguém pode tirar de você, uma sede mundial onde as pessoas podem encontrá-lo.

Mais de dez anos atrás, investi na minha propriedade online e comprei o domínio com o meu nome, austinkleon.com. Eu era um completo amador sem nenhuma habilidade quando criei meu site, que começou simples e feio. Com o passar do tempo, descobri como instalar um blog, e isso mudou tudo. Um blog é uma ferramenta ideal para transformar o fluxo em estoque: um pequeno post no blog não é nada por si só, porém milhares de posts durante uma década se tornam o trabalho de uma vida. Meu blog tem sido meu caderno de anotações, meu estúdio, meu salão, minha vitrine e minha galeria. Absolutamente tudo de bom que aconteceu na minha carreira veio do meu blog. Meus livros, exposições, palestras, algumas das minhas melhores amizades – tudo isso existe porque tenho o meu próprio canto na internet.

Logo, se você conseguir tirar algo deste livro, faça isso: vá e registre um domínio com seu nome. Compre www.[coloque seu nome aqui].com. Se o seu nome for comum, ou se não gostar dele, invente um pseudônimo ou apelido para registrar. Depois compre uma hospedagem e construa um site. (Essas coisas soam técnicas, mas não são – algumas pesquisas no Google e alguns livros da biblioteca lhe mostrarão o caminho.) Se você não tem tempo ou capacidade para construir seu próprio site, existe um pequeno exército de web designers dispostos a ajudá-lo. O seu site não precisa ser bonito, só precisa existir.

Não pense no seu blog como uma máquina de autopromoção, mas como uma máquina de se autoinventar. Online, você pode ser a pessoa que realmente deseja ser. Preencha o site com seu trabalho, suas ideias e as coisas que lhe interessam.

Vai nessa me Googla

No decorrer dos anos, você ficará tentado a abandoná-lo pela mais nova e brilhante rede social. Não desista. Não deixe cair na negligência. Pense a longo prazo. Fique com ele, mantenha-o e deixe-o mudar com você com o passar do tempo.

Quando era jovem e estava começando, Patti Smith recebeu este conselho de William Burroughs: "Construa um bom nome. Mantenha-o limpo. Não se contente com menos. Não se preocupe em ganhar um monte de dinheiro ou ser bem-sucedida. Preocupe-se em fazer um bom trabalho... e se puder construir um bom nome, eventualmente esse nome será sua própria moeda."

A beleza de possuir seu próprio espaço é que você pode fazer o que quiser. O seu domínio é o seu nome. Você não precisa se contentar com menos. Construa um bom nome, mantenha-o limpo e por fim ele será sua própria moeda. Se as pessoas o veem ou não, fato é, você está lá, vivendo sua vida, pronto para o que der e vier.

④ ABRA GABINETE CURIOSI

SEU DE DADES.

"O problema de acumular é que você acaba vivendo das suas reservas. Eventualmente, você ficará sem graça. Se dá tudo o que tem, fica sem nada. Isso o obriga a olhar, a estar atento, a reabastecer... De alguma maneira, quanto mais você dá, mais volta para você."

— *Paul Arden*

NÃO SEJA UM ACUMULADOR.

Se tivesse vivido, sido educado e fosse rico nos séculos XVI e XVII na Europa, era elegante ter um *Wunderkammern*, uma "câmara de maravilhas", ou um "gabinete de curiosidades" em sua casa – um quarto repleto de raridades que serviam como uma espécie de vitrine de sua sede de conhecimento do mundo. Dentro do gabinete de curiosidades você poderia encontrar livros, esqueletos, joias, conchas, arte, plantas, minerais, animais empalhados, pedras ou qualquer artefato exótico. Essas coleções, muitas vezes, justapunham maravilhas naturais e artificiais, revelando uma espécie

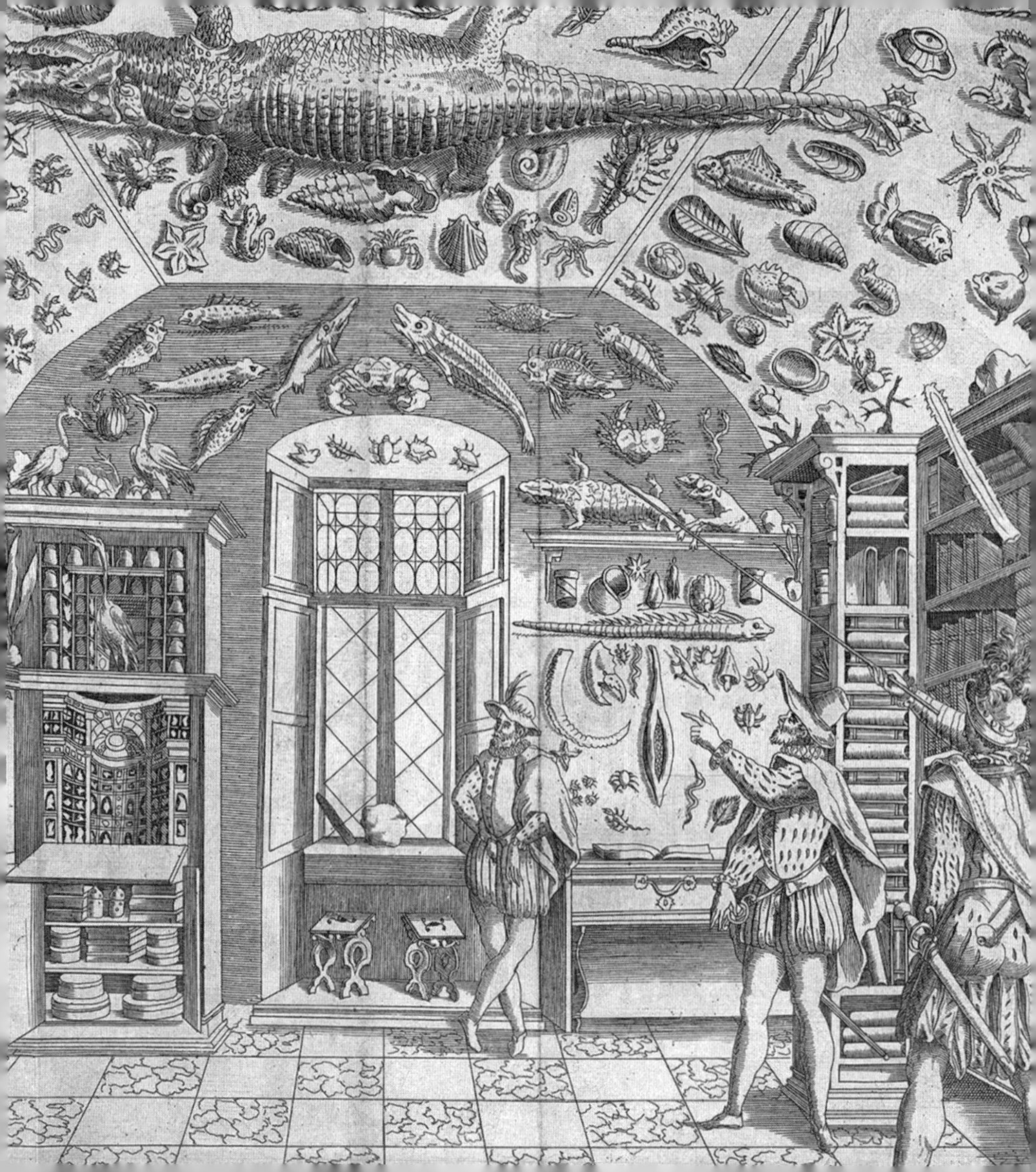

de mistura de criações divinas e humanas. Elas foram as precursoras do que entendemos hoje em dia como museus modernos – lugares dedicados ao estudo da história, da natureza e das artes.

Todos temos coleções de tesouros. Podem ser gabinetes físicos de curiosidades, digamos, estantes na sala cheias de nossos livros, discos e filmes favoritos, ou mais intangíveis, como museus de afeto, nossos crânios repletos de memórias de lugares que visitamos, pessoas que conhecemos, experiências que acumulamos. Todos carregamos coisas estranhas e maravilhosas que encontramos enquanto fazemos nosso trabalho e vivemos nossas vidas. Esses cadernos de anotações mentais formam nosso gosto, e nosso gosto influencia nosso trabalho.

A diferença entre coletar e criar não é tão grande quanto parece. Muitos dos escritores que conheço veem o ato de ler e o de escrever como atividades opostas, mas do mesmo espectro: a leitura alimenta a escrita, que alimenta a leitura.

"Eu basicamente sou um curador", disse o autor e ex-livreiro Jonatham Lethem. "Escrever livros sempre teve uma ligação com minha experiência de livreiro, a de querer chamar a atenção das pessoas para as coisas de que eu gostava, de moldá-las em novas formas."

Nossos gostos fazem a gente ser o que é, mas também podem lançar uma sombra sobre o nosso trabalho. "Todos que fazem trabalhos criativos começaram porque têm bom gosto", diz o apresentador de rádio Ira Glass. "Mas há essa lacuna. Durante os primeiros anos em que você cria, o resultado não é tão bom assim. Está tentando ser bom, tem potencial, mas não é. No entanto, o seu gosto, o que o levou ao jogo, ainda é poderoso." Antes de estarmos prontos para dar o salto de partilhar o nosso próprio trabalho com o mundo, podemos partilhar o nosso gosto pelo trabalho dos outros.

Onde busca sua inspiração? Com que tipo de coisas abastece a sua mente? O que lê?

Você assina algo? Que sites costuma visitar na internet? Que tipo de música escuta? Que filmes vê? Você frequenta exposições de arte? O que coleciona? O que tem dentro do seu caderno de anotações? O que pendura na sua mesa de trabalho? O que prende na porta da geladeira? Quem faz um trabalho que você admira? De quem rouba ideias? Você tem algum herói? Quem você segue online? Quem são as pessoas que admira na sua área?

Suas influências são todas dignas de ser compartilhadas porque dão pistas sobre quem você é e o que faz – às vezes até mais do que o seu próprio trabalho.

> "Você é tão bom quanto a sua coleção de discos."
> — *DJ Spooky*

SEM PRAZERES CULPADOS.

> "Não acredito em prazeres culpados. Se você gosta de algo pra c******, vai fundo."
>
> — Dave Grohl

Há mais ou menos vinte anos, um lixeiro da cidade de Nova York chamado Nelson Molina começou a colecionar pequenos pedaços de arte e objetos únicos que encontrava descartados ao longo de seu trajeto. Sua coleção, O Museu do Lixo, fica no segundo andar da garagem do Departamento de Saneamento, na rua 99 Oeste, e hoje em dia apresenta mais de mil pinturas, cartazes, fotografias, instrumentos musicais, brinquedos e outras coisas perecíveis. Não há um grande princípio unificador para a coleção, apenas o que Molina gosta. Ele recebe contribuição de alguns de seus colegas de trabalho, mas ele é que decide o que vai para a parede ou não. "Digo para os caras: basta trazer e vou decidir se devo pendurar." Molina pintou uma placa para o museu, na qual se lê: "TESOURO NO LIXO, POR NELSON MOLINA."

Mergulhar na lixeira é um dos trabalhos do artista – encontrar o tesouro no lixo de outras pessoas, percorrendo os escombros de nossa cultura, prestando atenção às coisas

NOTICE

DO NOT DUMP RUBBISH OR GARBAGE

AVISO
Não despeje lixo ou sobras

que todos estão ignorando, e inspirando-se nas coisas que as pessoas jogaram fora por qualquer motivo. Mais de 400 anos atrás, Michel de Montaigne, em seu ensaio "Da experiência", escreveu: "Na minha opinião, as coisas mais banais, as mais comuns e familiares, se pudéssemos vê-las em sua verdadeira luz, se tornariam os grandes milagres... e os exemplos mais maravilhosos." Tudo que é preciso para descobrir preciosidades escondidas é um olhar claro, uma mente aberta e uma vontade de procurar inspiração em lugares aos quais outras pessoas não podem ou querem ir.

Todos amamos alguma coisa que outras pessoas acham um lixo. Você tem que ter a coragem de continuar amando seu lixo, porque o que nos torna únicos é a diversidade e amplitude de nossas influências, as maneiras únicas pelas quais misturamos as partes da cultura que outros consideraram "alta" e "baixa".

Como ser excepcional

> O primeiro passo é parar de tentar

Quando encontrar coisas das quais gosta genuinamente, não se sinta mal por isso mesmo que outras pessoas o julguem. Não se sinta culpado pelo prazer que as coisas que aprecia lhe dão. Celebre-as.

Quando compartilha seu gosto e suas influências, é necessário ter estômago para lidar com isso. Não ceda à pressão de se tolher demais. Não seja o mané na loja de discos discutindo sobre qual é a banda punk mais "autêntica". Não tente ser moderno ou legal. Seja aberto e honesto em relação ao que gosta, porque isto atrairá pessoas que gostam dessas coisas também.

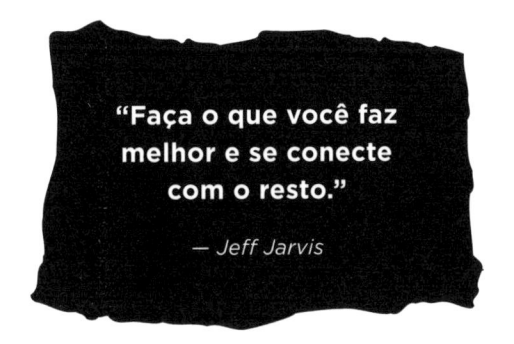

> "Faça o que você faz melhor e se conecte com o resto."
>
> — *Jeff Jarvis*

DAR CRÉDITO É SEMPRE ESPERADO.

Se você compartilha o trabalho dos outros, é seu dever assegurar-se de que os criadores desse trabalho obtenham o crédito apropriado. Dar crédito em nossa era de copiar e colar, de *reblogs* e *retweets*, pode parecer um esforço fútil, mas vale a pena e é a coisa certa a se fazer. Você deve sempre mostrar o trabalho dos outros como mostraria o seu próprio, tratando-o com respeito e cuidado.

Quando defendemos a importância de creditar nossas fontes, a maioria de nós se preocupa com o criador original do trabalho. Mas isso é apenas metade da história – se você não atribuir corretamente o crédito do trabalho que compartilha, rouba não somente a pessoa que o fez, mas

também todas com quem está compartilhando. Sem
a devida atribuição, elas não podem entender melhor
o trabalho ou encontrar mais trabalhos parecidos.

O que faz uma atribuição de crédito ser boa? O importante
é apresentar o contexto do que está compartilhando: o que
é o trabalho, quem o fez, como o fez, quando e onde foi
feito, por que você está dividindo, por que as pessoas devem
se importar com ele e onde podem ver mais trabalhos como
esse. Dar crédito é como colocar plaquinhas de museu ao
lado das coisas que compartilha.

Outra forma de atribuição que muitas vezes negligenciamos
é onde encontramos o trabalho que estamos compartilhando.
É sempre uma boa prática mencionar as pessoas que
ajudaram você a tropeçar em um bom trabalho, e também
deixar uma trilha para que as pessoas com quem compartilha
possam seguir o caminho até as fontes de sua inspiração.
Conheci muitas pessoas interessantes online seguindo os
links "via" e "H/T". Eu teria sido roubado de muitas conexões

```
        ┌─────────┐   ┌─────────┐
        │ O QUE   │   │ QUEM    │
        │   É?    │   │  FEZ?   │──┐
        └─────────┘   └─────────┘  ▼
             ▲             ▲   ┌─────────┐
             │             │   │    E    │
             │             │   │ QUANDO? │
             │             │   └─────────┘
            ┌──────────────────┐
            │     CRÉDITOS     │
            └──────────────────┘
         ┌─────────┼──────────────┐
         ▼         ▼              ▼
```

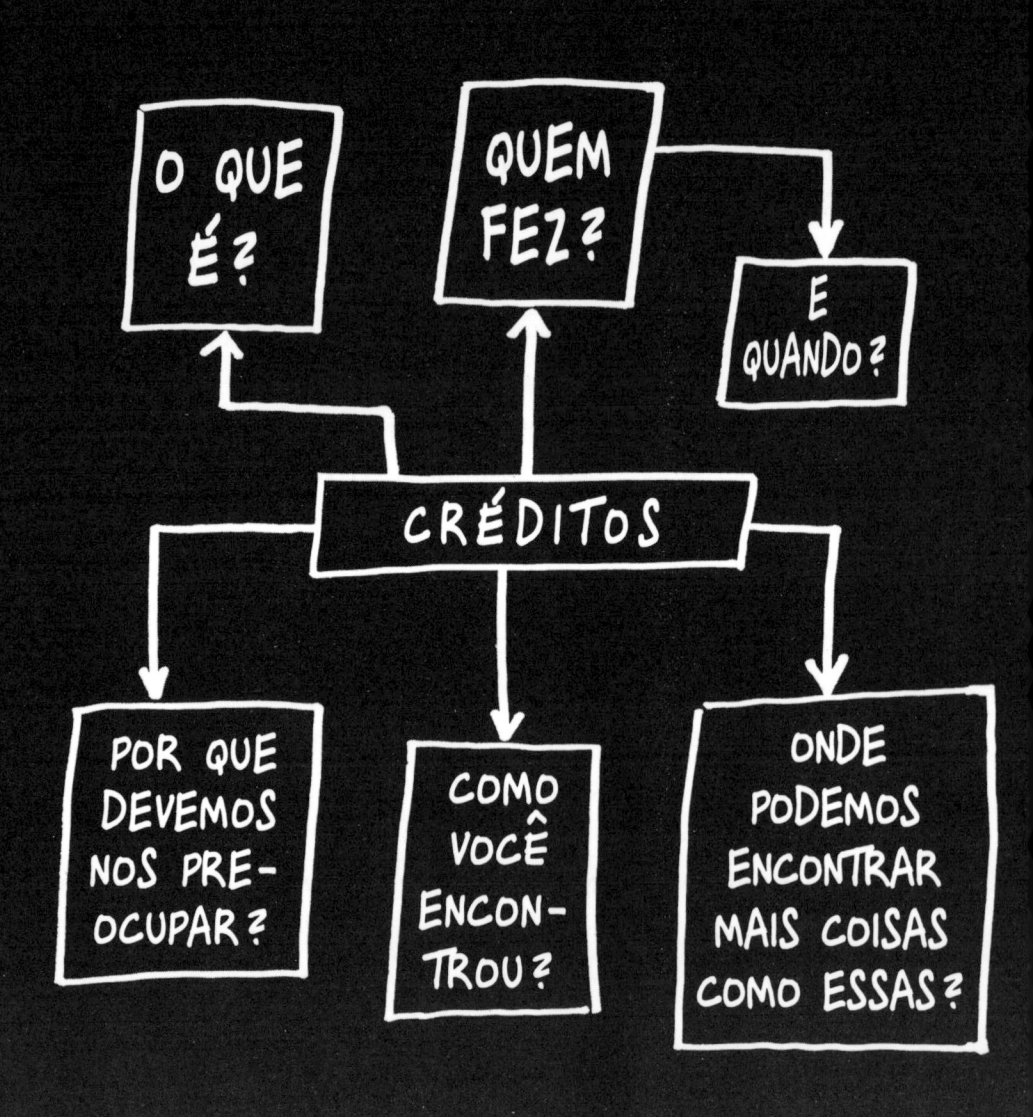

| POR QUE DEVEMOS NOS PRE-OCUPAR? | COMO VOCÊ ENCON-TROU? | ONDE PODEMOS ENCONTRAR MAIS COISAS COMO ESSAS? |

se não fosse pela generosidade e atribuição meticulosa de créditos de muitas das pessoas que sigo.

Na internet, a forma mais importante de atribuição é um hyperlink que leve para o site do criador do trabalho. Isso encaminha pessoas que por acaso se depararam com o trabalho para a fonte original. A regra número um da internet é: As pessoas são preguiçosas. Se você não incluir um link, ninguém vai a ele. Dar créditos sem um link é quase inútil: 99,9% das pessoas não vão procurar por um nome no Google.

Tudo isso levanta uma pergunta: E se você quiser compartilhar algo e não sabe de onde veio ou quem fez? A resposta: Não compartilhe coisas que não pode creditar adequadamente. Encontre o crédito certo ou não compartilhe.

⑤ CONTE HISTÓ

BOAS RIAS.

O TRABALHO NÃO FALA POR SI.

Feche os olhos e imagine que você é um colecionador rico que acaba de entrar em uma sala de um museu de arte. Na parede de frente para você estão duas telas gigantescas, cada uma com mais de três metros de altura. Ambas as pinturas mostram um porto ao pôr do sol. Do outro lado da sala, elas parecem idênticas: os mesmos navios, os mesmos reflexos sobre a água, o mesmo sol no mesmo grau de inclinação. Você olha com mais atenção. Não é possível encontrar uma sinalização ou uma explicação em qualquer lugar do museu. Você fica obcecado com as pinturas, e as apelida de Pintura A e Pintura B. Você passa uma hora indo e voltando de uma tela para a outra, comparando as pinceladas. Você não consegue detectar nenhuma diferença.

No momento em que decide procurar o guarda do museu, alguém que possa explicar essas duas obras-primas gêmeas misteriosas, o curador do museu entra na sala. Você pergunta com curiosidade sobre as origens de suas novas obsessões. O curador diz que a Pintura A foi pintada no século XVII por um mestre holandês. "E a Pintura B?", você pergunta. "Ah, sim, Pintura B", diz o curador. "É uma falsificação. Foi copiada semana passada por um estudante de pós-graduação da faculdade de arte local."

Olhe novamente para as pinturas. Qual delas parece melhor agora? Qual você quer levar para casa?

A falsificação de arte é um fenômeno estranho. "Você pode pensar que o prazer que obtém de uma pintura depende de sua cor, sua forma e seu padrão", diz o professor de psicologia Paul Bloom. "E se é isso mesmo, não importa se é um original ou uma falsificação." Porém, nossos cérebros não funcionam assim. "Quando apresentamos um objeto, oferecemos um prato ou mostramos um rosto, a avaliação das pessoas sobre eles – o quanto gostam, o quão valioso é – é profundamente afetada pelo que você lhes diz a respeito."

Em seu livro *Significant Objects*, Joshua Glenn e Rob Walker relatam uma experiência em que se propuseram testar esta hipótese: "As histórias são um motor de valor emocional tão poderoso que seu efeito sobre o valor subjetivo de qualquer objeto apresentado pode ser medido objetivamente." Primeiro eles foram a brechós, mercados de pulgas e vendas de garagem e compraram um monte de objetos "insignificantes" por um custo médio de 1,25 dólar

> "Para falsificar uma fotografia, tudo o que você tem que fazer é mudar a legenda. Para falsificar uma pintura, mude o crédito."
>
> — *Errol Morris*

cada. Em um segundo momento contrataram alguns escritores, famosos e não tão famosos, para inventar histórias "que atribuíssem significado" a cada objeto. Finalmente, listaram cada objeto no site de leilões eBay, usando as histórias inventadas como descrição do objeto e o que quer que tivessem originalmente pago como preço inicial. Ao final do experimento, haviam vendido bugigangas que custaram 128,74 dólares por 3.612,51.

As palavras importam. O artista gosta de repetir o bordão "meu trabalho basta por si próprio", mas a verdade é que nosso trabalho não fala por si mesmo. Os seres humanos querem saber de onde as coisas vieram, como foram feitas e quem as criou. As histórias que você conta sobre o trabalho que faz têm um efeito enorme em como as pessoas sentem e entendem o seu trabalho, o que afeta como dão valor a ele.

A artista Rachel Sussman pergunta: "Por que devemos descrever a frustração e as reviravoltas no laboratório ou todas as horas de trabalho iniciais e conclusões falhas

IMAGENS PODEM DIZER O QUE VOCÊ QUISER

MONTANHA

BARBATANA DE TUBARÃO

ESTALAGMITE

CHAPÉU DE BRUXA

SALGADINHO

(SUA LEGENDA VAI AQUI)

que precedem os resultados finais?" A resposta: "Porque, salvo raras exceções, o nosso público é humano, e os seres humanos querem se conectar. Histórias pessoais podem tornar o que é complexo mais tangível, inspirar associações e oferecer acesso para universos que antes eram impenetráveis."

> "'O gato sentou-se em um tapete' não é uma história. 'O gato sentou-se no tapete do cão' é uma história."
>
> — *John le Carré*

ESTRUTURA É TUDO.

> "No primeiro ato, você coloca seu
> herói em cima de uma árvore.
> No segundo, joga pedras nele.
> No terceiro, você o deixa descer."
>
> — *George Abbott*

CÍRCULO NARRATIVO DE DAN HARMON

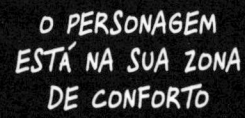

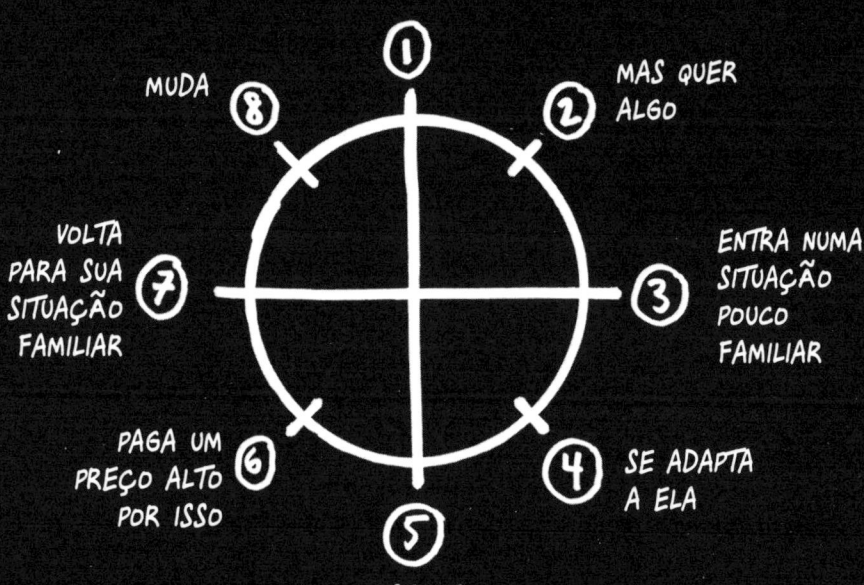

1. O PERSONAGEM ESTÁ NA SUA ZONA DE CONFORTO

2. MAS QUER ALGO

3. ENTRA NUMA SITUAÇÃO POUCO FAMILIAR

4. SE ADAPTA A ELA

5. CONSEGUE O QUE QUERIA

6. PAGA UM PREÇO ALTO POR ISSO

7. VOLTA PARA SUA SITUAÇÃO FAMILIAR

8. MUDA

A parte mais importante de uma história é sua estrutura. Uma boa estrutura é arrumada, robusta e lógica. Infelizmente, a vida em geral é confusa, incerta e contraditória. Muitas de nossas experiências verdadeiras não se encaixam perfeitamente em um conto de fada tradicional ou em um roteiro de Hollywood. Às vezes, temos que fazer um monte de cortes e edições para encaixar nossas vidas em algo que se assemelha a uma história. Se você estuda a estrutura das histórias, começa a ver como funcionam e, sabendo como funcionam, pode começar a roubar estruturas narrativas e preenchê-las com personagens, situações e cenários de sua própria vida.

A maioria das estruturas de histórias encontra sua origem em mitos e contos de fada. Emma Coats, uma ex-artista de storyboard da Pixar, delineou a estrutura básica de um conto de fada como uma espécie de um jogo em que é possível preencher lacunas com seus próprios elementos: "Era uma vez _____. Todos os dias, _____. Um dia,

_____. Por causa disso, _____. Até que finalmente _____."
Experimente preencher os espaços com sua história favorita.
É impressionante como costuma funcionar.

O filósofo Aristóteles disse que uma história tem que ter um começo, um meio e um fim. O autor John Gardner disse que o enredo básico de quase todas as histórias é este: "Um personagem quer algo, vai atrás do que quer apesar da oposição (que pode incluir suas próprias dúvidas) e assim chega a uma vitória, perda ou empate." Gosto da fórmula de enredo de Gardner porque serve também para o trabalho criativo: você tem uma ótima ideia, passa pelo árduo trabalho de executá-la e então a lança no mundo, ganhando, perdendo ou empatando. Às vezes, a ideia é bem-sucedida, às vezes falha, e mais frequentemente não acontece absolutamente nada. Esta fórmula simples pode ser aplicada a quase qualquer tipo de projeto: Há o problema inicial, o trabalho feito para resolvê-lo e a solução.

GRÁFICO NARRATIVO DE KURT VONNEGUT

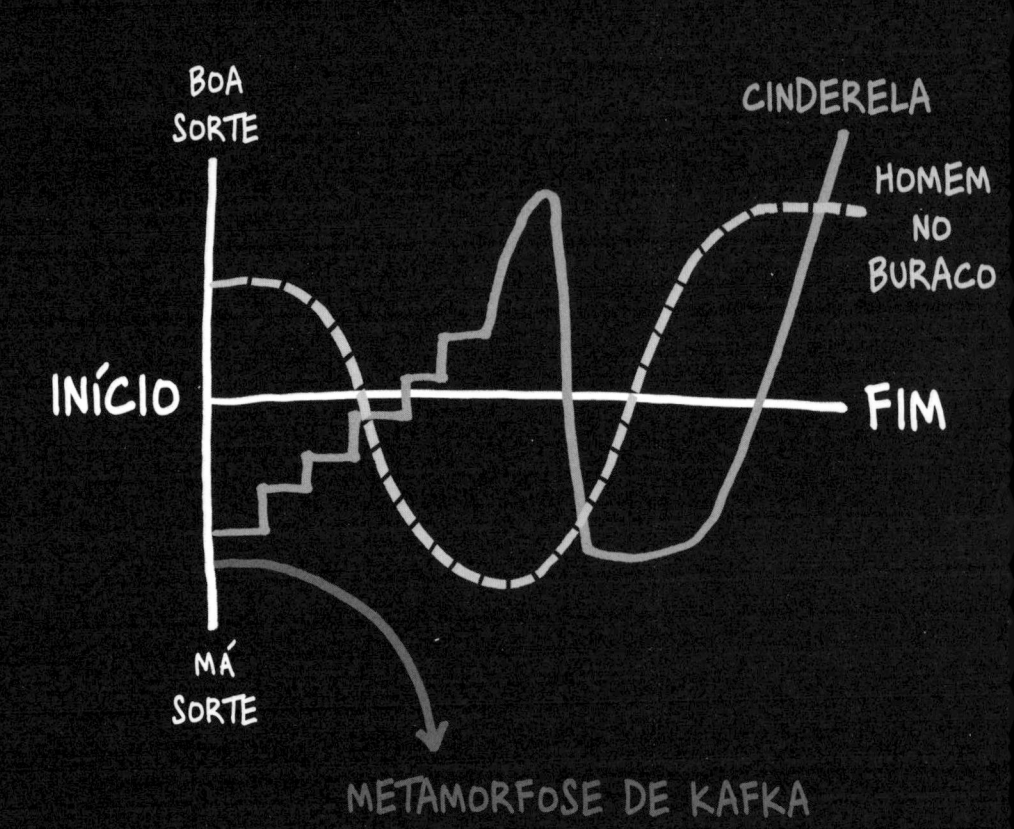

- BOA SORTE
- CINDERELA
- HOMEM NO BURACO
- INÍCIO
- FIM
- MÁ SORTE
- METAMORFOSE DE KAFKA

Obviamente, quando você está no meio de uma história, como a maioria de nós na vida está, não sabe se é realmente uma história, porque não sabe em que ponto dela está, nem como vai acabar. Felizmente, há uma maneira de contar histórias inacabadas, reconhecendo que estamos no meio de uma e ainda não sabemos como tudo termina.

Cada apresentação para clientes, cada ensaio pessoal, cada carta de motivação, cada pedido de arrecadação – todos eles são *projetos*. São histórias com os finais cortados. Um bom projeto é estabelecido em três atos: o primeiro ato é o passado, o segundo é o presente e o terceiro, o futuro. O primeiro ato é onde você esteve – o que quer, como o quer e o que fez até agora para obtê-lo. O segundo ato é onde você está agora em seu trabalho e como trabalhou arduamente e gastou a maior parte de seus recursos. O terceiro ato é aonde você está indo e como exatamente a pessoa para quem está apresentando o projeto pode ajudá-lo a chegar lá. Como um livro da coleção Enrola

PIRÂMIDE DE GUSTAV FREYTAG

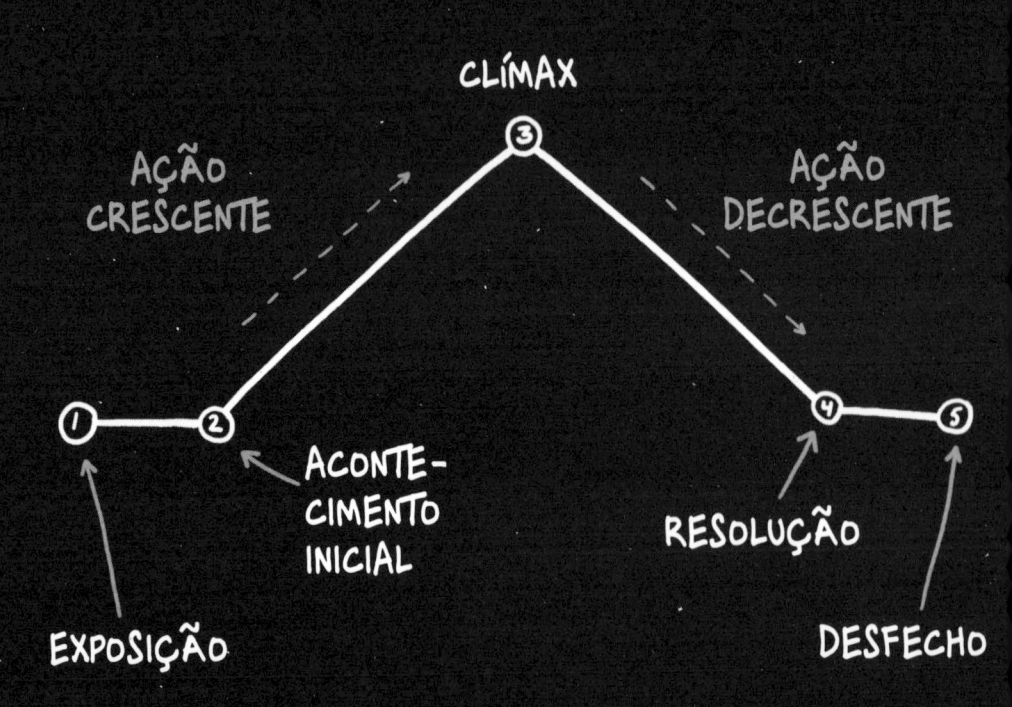

CLÍMAX

AÇÃO CRESCENTE

AÇÃO DECRESCENTE

① ②
ACONTECIMENTO INICIAL

④ RESOLUÇÃO

⑤ DESFECHO

EXPOSIÇÃO

(ESTRUTURA EM CINCO ATOS)

& Desenrola, esta fórmula efetivamente transforma seu ouvinte no herói que pode decidir como a história termina.

Sempre mantenha seu público em mente, seja a história acabada ou inacabada. Fale diretamente com ele em linguagem simples. Valorize seu tempo. Seja breve. Aprenda a falar. Aprenda a escrever. Use corretor ortográfico. Você não está "mandando uma real" com sua falta de revisão e pontuação, está sendo ininteligível.

Todo mundo adora uma boa história, mas nem todo mundo acha fácil construir uma boa narrativa. É uma habilidade que leva uma vida para dominar. Então estude as grandes histórias e, em seguida, tente encontrar as próprias. Suas histórias ficarão melhores quanto mais você falar delas.

> "Você tem que se defender."
>
> — *Kanye West*

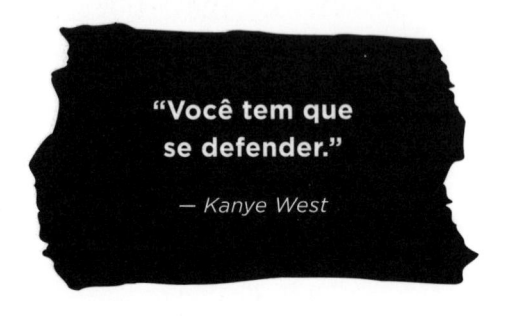

FALE SOBRE VOCÊ MESMO NAS FESTAS.

Todos já estivemos nesta situação. Você está de pé em uma festa, tomando sua bebida, quando um estranho se aproxima, se apresenta e faz a pergunta temida: "E aí, o que você faz da vida?"

Se acontecer de você ser um médico ou um professor ou um advogado ou um encanador, parabéns. Você pode responder sem hesitação. Para o resto de nós, vamos precisar praticar nossas respostas.

É ainda pior para artistas. Se você disser que é escritor, por exemplo, há uma boa chance de que a próxima pergunta seja: "Ah, e você já publicou algo?", que é uma maneira velada de perguntar se você ganha algum dinheiro.

A maneira de superar o constrangimento nessas situações é parar de tratá-las como interrogatórios e começar a tratá-las como oportunidades para se conectar com alguém, falando de forma honesta e humilde sobre o que faz. Você deve ser capaz de explicar o seu trabalho para uma criança pequena, para um idoso e para todos que estão no meio do caminho. Claro, você sempre precisa manter seu público em mente; a forma como explica o seu trabalho para o colega de bar não é a maneira que o explica para sua mãe.

Só porque está tentando contar uma boa história sobre si mesmo não significa que você está inventando. Permaneça na não ficção. Diga a verdade e a diga com dignidade e respeito próprio. Se você é um estudante, diga que é um estudante. Se tem mais de um trabalho, diga que tem mais de um trabalho. (Durante anos, eu disse: "De dia sou web designer e à noite escrevo poesia.") Se você tem um trabalho híbrido estranho, diga algo como "Sou um escritor

HELLO
my name is

OLÁ
meu nome é

que desenha" (roubei essa apresentação do cartunista Saul Steinberg). Se você está desempregado, fale isso e mencione que tipo de trabalho está procurando. Se está empregado, mas não se sente bem no seu cargo, pergunte a si mesmo o porquê disso. Talvez você esteja na carreira errada, ou talvez não esteja fazendo o trabalho que deveria estar fazendo. (Durante muitos anos eu me sentia mal ao responder "sou um escritor", porque eu não estava realmente escrevendo.) Lembre-se do que o autor George Orwell escreveu: "A autobiografia só é de confiança quando revela algo vergonhoso."

Tenha empatia com quem o está ouvindo. Antecipe olhares vazios. Esteja pronto para mais perguntas. Responda com paciência e educação.

Todos os mesmos princípios aplicam-se quando você começa a escrever sua apresentação. Apresentações não são o lugar para praticar sua criatividade. Todos gostamos de pensar que somos mais complexos do que duas frases de explicação, mas duas frases são o que o mundo geralmente espera de nós. Seja conciso e direto.

Retire todos os adjetivos de sua apresentação. Se faz fotos, você não é um "aspirante" a fotógrafo, e tampouco um "incrível" fotógrafo. Você é um fotógrafo. Não seja engraçadinho. Não se vanglorie. Se apegue aos fatos.

Mais uma coisa: a menos que seja realmente um ninja, um guru ou uma estrela do rock, nunca use nenhum desses termos em relação a você. Nunca.

> "Seja lá o que digamos, estamos sempre falando sobre nós mesmos."
>
> — *Alison Bechdel*

⑥ ENSINE VOCÊ

O QUE SABE.

DIVIDA SEUS SEGREDOS COMERCIAIS.

> "O impulso de manter para si mesmo o que você aprendeu não é apenas vergonhoso, é destrutivo. Você perde tudo o que não dá livre e abundantemente. Abra seu cofre e encontrará cinzas."
>
> — *Annie Dillard*

O mundo do churrasco é notoriamente secreto e competitivo, por isso foi um pouco chocante no inverno passado estar de pé atrás do lendário Franklin Barbecue aqui em Austin, no Texas, assistindo ao mago do churrasco Aaron Franklin explicar como ele assa sua famosa costela em frente a uma equipe de filmagem. Minha amiga Sara Robertson, uma produtora da estação local da PBS, KLRU, me convidou para assistir a uma gravação de *BBQ with Franklin*, uma série do YouTube criada para mostrar aos espectadores todas as etapas do processo de fazer um bom churrasco e paga por financiamento coletivo. Na série, Franklin explica como modificar uma grelha para assar, selecionar a madeira certa, acender o fogo, escolher um bom corte, qual é a temperatura ideal para queimar a carne e como cortá-la quando estiver pronta.

Comecei a comer no Franklin Barbecue em 2010, quando ainda era um *foodtruck* na rodovia interestadual 35. Em apenas três anos Franklin tornou-se uma das churrascarias mais famosas do mundo. (A revista *Bon Appétit* disse que era "o melhor churrasco do Texas, se não da América".) Seis dias por semana, faça chuva ou faça um sol de quarenta graus, há uma fila dando a volta no quarteirão. Todos os dias eles esgotam o estoque. Se houvesse um negócio que mantivesse os segredos trancados a sete chaves, seria este.

Quando tive a oportunidade de falar com Aaron e sua esposa, Stacy, durante uma pausa na filmagem, eles explicaram que a técnica de churrasco é realmente muito simples, mas leva anos e anos para dominar. Há uma intuição que você só ganha com a repetição da prática. Aaron me disse que treina todos os seus funcionários da mesma maneira, mas, quando corta um bife, sabe identificar exatamente quem fez o churrasco.

Ensinar não significa competir. Só porque você sabe a técnica do mestre não significa que é capaz de imitá-lo instantaneamente. Você pode assistir aos tutoriais de Franklin sem parar, mas está pronto para começar a gastar

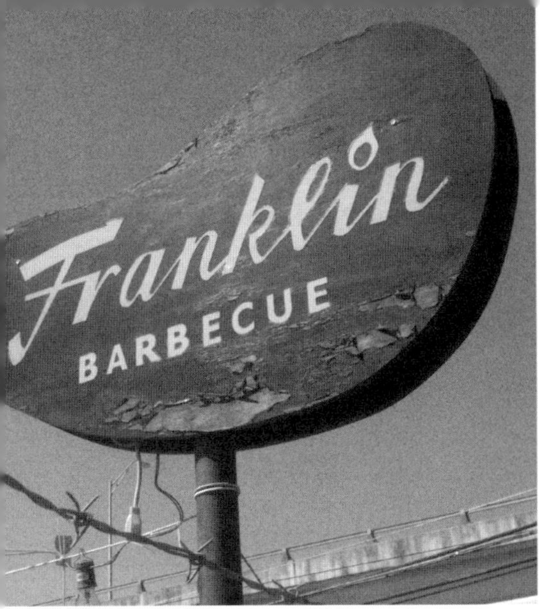
Franklin
BARBECUE

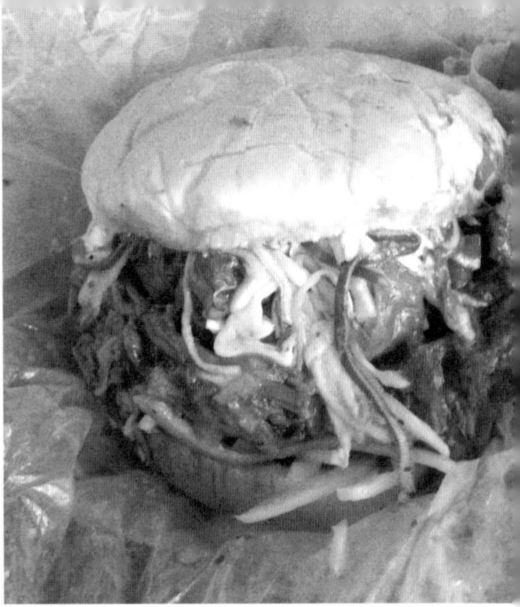

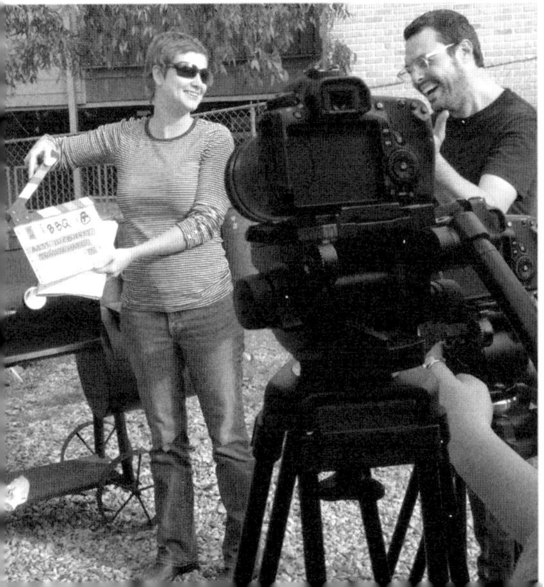

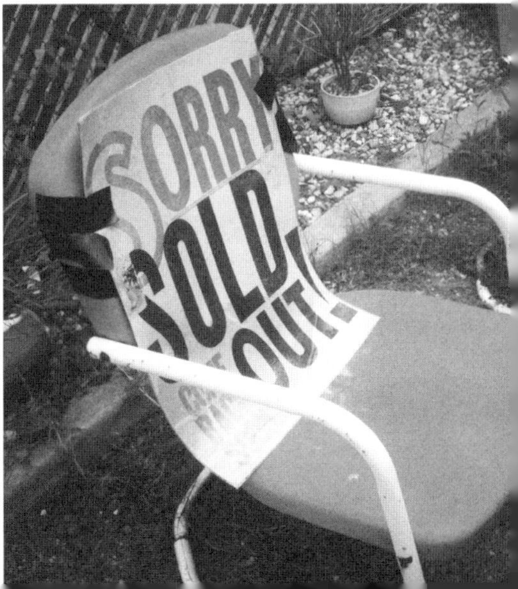
SOLD

22 horas por dia fazendo um churrasco que será vendido em duas horas? Provavelmente não. Se você for como eu, vai pagar 25 dólares por quilo ainda mais feliz.

Os Franklins amam tanto churrasco que saem por aí dividindo seus conhecimentos. As pessoas muitas vezes passam por lá com suas próprias tentativas de churrasco e Aaron é sempre gentil e paciente ao responder suas perguntas. Não se tem a sensação de que tudo isso é calculado, e sim que é apenas a maneira que eles operam – eles começaram como iniciantes e por isso sentem uma obrigação de transmitir o que aprenderam.

Naturalmente, muitos cozinheiros e donos de restaurantes tornaram-se ricos e famosos compartilhando suas receitas e técnicas.

Em seu livro, *Rework*, Jason Fried e David Heinemeier Hansson estimulam os empresários a imitar cozinheiros, ensinando mais do que a concorrência. "O que você faz?

Quais são suas receitas? Qual é o seu guia? O que você pode dizer ao mundo sobre seu método que seja informativo, educacional e promocional?" Eles incentivam os empresários a descobrir o equivalente a programas de culinária em suas áreas.

Pense no que pode compartilhar de seu processo que informaria às pessoas que você está tentando alcançar. Você aprendeu um ofício? Quais são as suas técnicas? Você tem habilidade com certas ferramentas e materiais? Que tipo de conhecimento vem junto com seu trabalho?

No minuto em que você aprender alguma coisa, olhe para o lado e ensine aos outros. Compartilhe sua lista de leitura. Aponte para materiais de referência úteis. Crie alguns tutoriais e publique-os na internet. Use imagens, palavras e vídeo. Mostre parte do seu processo, passo a passo. Como a blogueira Kathy Sierra diz: "Torne as pessoas melhores em algo que elas querem melhorar."

APRENDER ⟲ ENSINAR

Ensinar não diminui o valor do que você faz, pelo contrário, aumenta. Quando ensina alguém, você está gerando mais interesse em seu próprio trabalho. As pessoas se sentem mais próximas porque de alguma forma você está deixando elas entrarem em contato com o seu conhecimento.

Além disso, quando você compartilha o que sabe e que faz com os outros, também aprende. O autor Christopher Hitchens disse que a melhor coisa sobre lançar um livro é que "ele o põe em contato com as pessoas cujas opiniões você deveria ter considerado antes de tocar com a caneta no papel. Elas escrevem para você. Elas ligam para você. Elas vão nos eventos em livrarias e lhe dão coisas para ler que você já deveria ter lido". Ele disse que colocar o seu trabalho no mundo era "um aprendizado gratuito para uma vida inteira".

⑦ NÃO SPAM

SE TORNE HUMANO.

"Quando as pessoas percebem que estão sendo ouvidas, elas te dizem coisas."

— *Richard Ford*

CALE A BOCA E ESCUTE.

Quando eu estava na faculdade, havia sempre um colega de turma nas oficinas de escrita criativa que alegava: "Amo escrever, mas não gosto de ler." Ficava evidente que se poderia desconsiderar esse jovem completamente. Como todo autor sabe, se você quer ser escritor, tem que ser leitor primeiro.

"A comunidade de escritores está cheia de gente que quer ser publicada em revistas, mesmo que essas revistas não sejam lidas por eles", diz o escritor Dan Chaon. "Essas pessoas merecem as rejeições que sem dúvida receberão, e ninguém deve sentir pena delas quando choramingam sobre como não conseguem ninguém que aceite suas histórias."

Chamo essas pessoas de spam humano. Elas estão em toda parte e em todas as profissões. Elas não querem correr atrás, querem a parte delas aqui e agora. Elas não querem ouvir suas ideias, só querem dizer as delas. Elas não querem ir a shows, mas empurram panfletos para você na calçada e gritam para ir ao delas. Você deve sentir pena dessas pessoas e dos seus delírios. Em algum momento, vão cair em si e perceber que o mundo não deve nada a ninguém.

É claro que você não precisa ser um ninguém para se tornar um spam humano – presenciei muitas pessoas interessantes, bem-sucedidas, lentamente se tornarem assim. O mundo começa a girar em torno delas e de seus trabalhos. Elas não encontram tempo para se interessar por outra coisa senão elas mesmas.

ACUMULADOR   CONTRIBUINTE   SPAM

←-------------- COMPARTILHAMENTO --------------→

Por mais famosos que se tornem, os artistas mais inovadores de hoje não estão apenas procurando fãs ou consumidores passivos, mas sim parceiros e colaboradores. Esses artistas reconhecem que o bom trabalho não é criado no vácuo, e que a experiência artística é sempre uma via de mão dupla, que é incompleta se não tiver retorno. Esses artistas respondem perguntas na internet. Pedem recomendações de leitura. Conversam com fãs sobre as coisas que amam.

O produtor musical Adrian Younge postou no Twitter um: "Quem é melhor: The Dramatics ou The Delfonics?" Seus seguidores entraram em um debate caloroso sobre os dois grupos de soul. Um seguidor mencionou que o vocalista do The Delfonics, William Hart, foi amigo de seu pai e que por isso ele passou a ser um fã da música de Younge. Ele sugeriu que os dois fizessem uma parceria. Younge contou: "Um dia depois, eu estava no telefone com William Hart, falando por duas horas... Tivemos uma sintonia cósmica." Younge então produziu um disco totalmente novo com Hart, *Adrian Younge Presents The Delfonics*.

Essa história é boa por duas razões: primeiro porque, que eu saiba, é a única história de um álbum cuja existência pode ser atribuída a um post no Twitter. Segundo porque mostra o que acontece quando um músico interage com seus fãs no próprio nível de um fã.

Se você quer fãs, tem que ser um fã. Se quiser ser aceito por uma comunidade, você deve ser primeiro um bom cidadão daquela comunidade. Se só está mostrando seu próprio material na internet, está fazendo tudo errado. Você tem que ser um elo. O escritor Blake Butler chama isso de *ser um nó aberto*. Se você quer ter, tem que dar. Se quer ser notado, tem que perceber. Cale a boca e ouça de vez em quando. Seja cuidadoso. Seja atencioso. Não se transforme em um spam humano. Seja um nó aberto.

"O que você quer é seguir e ser seguido por seres humanos que valorizam o que você valoriza.
Isto que fazemos juntos é questão de corações e mentes, não de olhos."

— *Jeffrey Zeldman*

VOCÊ QUER CORAÇÕES, NÃO OLHOS.

Pare de se preocupar com a quantidade de seguidores que você tem na internet e comece a se preocupar com a qualidade deles. Não desperdice seu tempo lendo artigos sobre como obter mais seguidores. Não perca minutos preciosos seguindo pessoas só porque você acha que isso vai te levar a algum lugar. Não fale com pessoas com quem não quer falar, nem converse sobre coisas pelas quais não tem interesse.

seja uma boa companhia

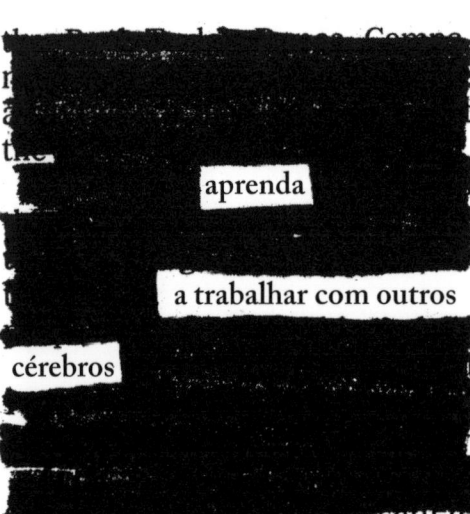

para todo mundo

---

olhe ,

ouça

---

aprenda

a trabalhar com outros

cérebros

---

dê crédito

e

saia do caminho

Se quer seguidores, seja alguém digno de seguir. Donald Barthelme supostamente disse a um de seus alunos: "Você já tentou se tornar uma pessoa mais interessante?" Parece uma coisa meio cruel de se dizer, a menos que você pense na palavra "interessante" como o escritor Lawrence Weschler. Para ele, ser "interessante" é ser curioso e atento e praticar "a projeção contínua do interesse". Mais simples: se quer ser interessante, tem que ser interessado.

É realmente verdade que tudo na vida é questão de conhecer as pessoas certas. Porém, quem você conhece depende de quem é e do que faz. Conhecer as pessoas certas não leva a nada caso você não esteja fazendo um bom trabalho. "Contatos não significam nada", diz o produtor musical Steve Albini. "Nunca fiz nenhum contato que não fosse uma consequência natural do que eu já estava fazendo de qualquer maneira." Albini lamenta quantas pessoas perdem tempo e energia tentando fazer conexões em vez de melhorar seu trabalho. "Ser bom no que faz é a única maneira de se tornar influente e fazer contatos."

Faça coisas que ama e converse sobre elas, e você irá atrair pessoas que gostam das mesmas coisas. É simples assim.

Não seja assustador. Não seja um idiota. Não desperdice o tempo das pessoas. Não pergunte demais. E nunca peça para ninguém segui-lo. "Me segue? Sigo de volta" é a frase mais triste da internet.

O TESTE DO VAMPIRO.

> "Se algo o excita, vá em frente e faça. Se algo o drena, pare de fazê-lo."
>
> — *Derek Sivers*

Há uma história engraçada na biografia *A Life of Picasso*, de John Richardson. Pablo Picasso era notório por sugar a energia de todas as pessoas que conheceu. Sua neta Marina disse que ele apertava as pessoas como se fossem um de seus tubos de tinta a óleo. Você teria um dia agradável conversando com o artista e voltaria para casa um pouco nervoso, cansado; enquanto isso Picasso entraria em seu estúdio para pintar a noite toda, usando a energia que sugou de você.

Muita gente passava por isso porque gostava de estar na companhia de Picasso o dia todo, mas não Constantin Brancusi, o escultor nascido na Romênia. Brancusi era originário dos montes Cárpatos e reconhecia um vampiro quando estava diante de um. Ele não queria ter sua energia ou os frutos de sua energia sugados por Picasso, por isso se recusou a ter qualquer contato com ele.

Brancusi praticou o que eu chamo de Teste do Vampiro. É uma maneira simples de saber quem você deve ter na sua

CATCH & RELEASE ONLY

Pesque e devolva

vida ou deixar de fora dela. Se depois de sair com alguém você se sentir desgastado e esgotado, essa pessoa é um vampiro. Caso saia com alguém e ainda se sinta cheio de energia, essa pessoa *não* é um vampiro. É claro que o Teste do Vampiro contempla muitas coisas em nossas vidas, não apenas pessoas. Você pode aplicá-lo a trabalhos, passatempos, lugares etc.

Vampiros não podem ser curados. Se encontrar um, faça como Brancusi e o afaste da sua vida para sempre.

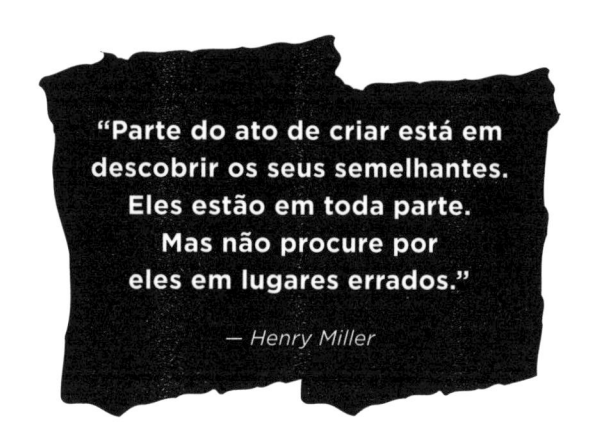

"Parte do ato de criar está em descobrir os seus semelhantes. Eles estão em toda parte. Mas não procure por eles em lugares errados."

— *Henry Miller*

IDENTIFIQUE O SEU TIME.

Recentemente fiquei fascinado pelo jogador de beisebol R. A. Dickey. O arremesso habitual de Dickey é conhecido como *knuckleball* – um tipo de lançamento moroso e estranho que é realmente difícil de manter consistente. Quando um arremessador lança um *knuckleball*, solta a bola com o menor giro possível e a corrente de ar se move contra as costuras da bola, criando um movimento realmente diferente. Quando um bom *knuckleball* é disparado, se torna igualmente imprevisível para o batedor, o apanhador *e* o arremessador que o jogou. (Não lembra muito o processo criativo?)

Os arremessadores adeptos do *knuckleball* são basicamente os patinhos feios do beisebol. Como existem poucos deles, formam uma espécie de irmandade, se encontrando muitas vezes para dar dicas uns para os outros. Dickey escreve em suas memórias, *Wherever I Wind Up*, sobre o quão raro isso é: "Não há chance de um arremessador adversário, não importa o quão bom seja, me convidar para ver suas técnicas de agarrar e jogar a bola. São segredos de Estado." Com seus companheiros de *knuckleball*, no entanto, as coisas são diferentes: "Os arremessadores de *knuckleball* não guardam segredos. É como se tivéssemos uma missão maior, além de nossos próprios destinos, uma missão de passar o conhecimento adiante, para manter o arremesso vivo."

Quando você se mostrar e apresentar seu trabalho, vai acabar conhecendo o seu time, como Dickey e seus parceiros de *knuckleball*. Estes são seus semelhantes – o povo que divide as mesmas obsessões e que compartilha da sua missão, por quem você sente um respeito mútuo. Serão quando você descobre os seus parceiros, você cria o seu time.

poucas pessoas, mas elas são muito importantes. Faça o que puder para investir no relacionamento com elas. Cante seus louvores ao universo. Convide-as para colaborar em projetos. Mostre seu trabalho para elas antes de mostrá-lo para o resto do mundo. Ligue para elas e compartilhe seus segredos. Mantenha esse grupo o mais perto possível.

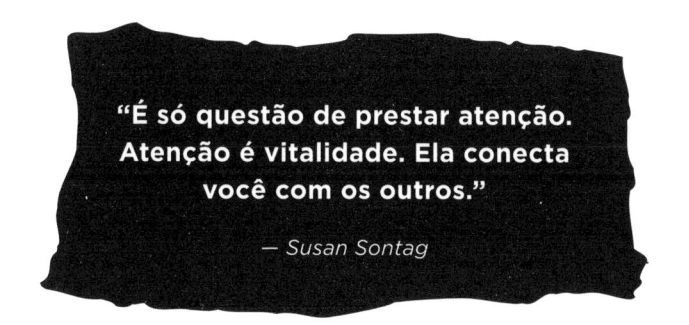

> "É só questão de prestar atenção. Atenção é vitalidade. Ela conecta você com os outros."
>
> — Susan Sontag

FAÇA ENCONTROS NO MUNDO REAL.

> "Você e eu estaremos por aí por muito mais tempo do que o Twitter, e nada substitui o cara a cara."
>
> — *Rob Delaney*

O fato de muitas das minhas pessoas favoritas no mundo terem entrado na minha vida por meio de códigos binários me assusta um pouco.

Adoro encontrar meus amigos virtuais "NVR" (na vida real). Nunca há constrangimento – sabemos tudo uns dos outros e o que cada um faz. Podemos beber umas cervejas e falar sobre grandes ideias. Algumas vezes perguntei às pessoas o que achavam que era a melhor coisa sobre a internet e elas apontaram para a mesa e disseram: "O que estamos fazendo aqui."

Gosto muito do fenômeno "encontro" – um grupo online marca um evento num bar ou restaurante e convida todos a aparecer em determinado horário e local. Há muitos desses tipos de encontros em Austin e tenho certeza que há um bando em sua cidade também (se não tiver, marque o primeiro!). Eles são muito menos estressantes do que as formas tradicionais de contato, porque você já conhece um monte de gente que vai aparecer, além do trabalho delas.

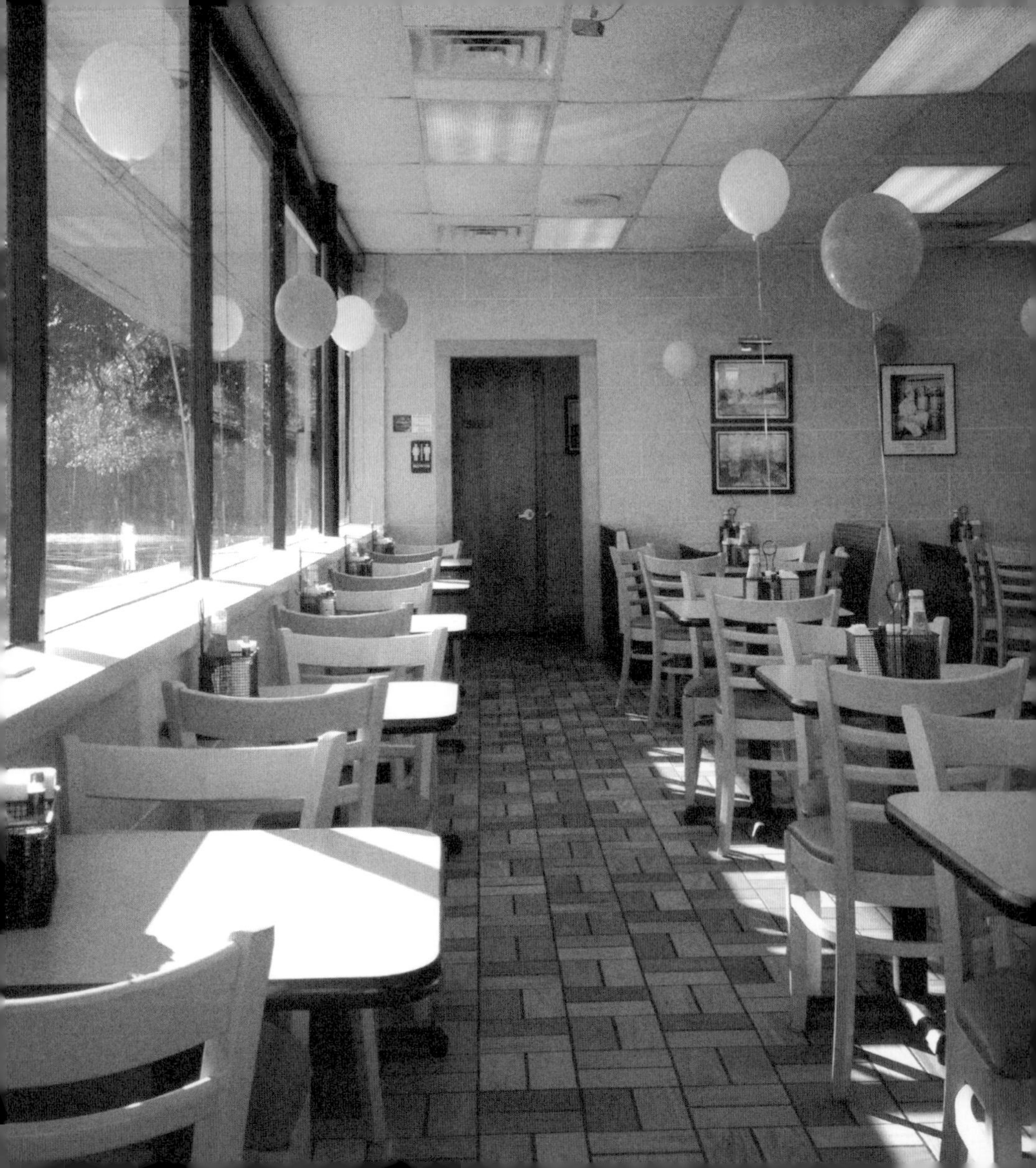

É claro que um encontro não tem que incluir um número enorme de pessoas. Se você tem amizades duradouras na internet, que moram na mesma cidade, convide-as para um café. Se quiser esbanjar, ofereça-se para pagar o almoço. Se estiver viajando, deixe seus amigos virtuais saberem que você vai estar na cidade. Gosto de pedir aos meus amigos artistas para me apresentarem a seus museus de arte favoritos e aos meus amigos escritores para me levarem às suas livrarias favoritas. Se enchermos o saco de conversar uns com os outros, podemos dar uma olhada no lugar, e se ficarmos de saco cheio do lugar, podemos tomar um café.

Conhecer pessoas na internet é incrível, mas transformá-las em amigas na vida real é ainda melhor.

⑧ APREN
APA

DA A
NHAR.

"Eu não vou desistir. Toda vez que você pensar que estou num lugar, vou aparecer em outro. Eu vim pré-odiada. Dê o seu melhor tiro."

— *Cyndi Lauper*

DEIXE ELES DAREM O MELHOR TIRO.

O designer Mike Monteiro diz que a habilidade mais valiosa que aprendeu na escola de arte foi como apanhar. Ele e seus colegas de classe eram absolutamente brutais durante as críticas. "Estávamos basicamente tentando ver se conseguiríamos fazer os outros largar a faculdade." Essas críticas ferrenhas o ensinaram a não levar as críticas de maneira pessoal.

Quando você coloca seu trabalho no mundo, é necessário estar pronto para o bom, o mau e o feio. Quanto mais pessoas se depararem com seu trabalho, mais críticas enfrentará. Veja como apanhar e sobreviver:

Relaxe e respire. O problema das pessoas criativas é que somos bons em imaginar o pior que poderia acontecer.

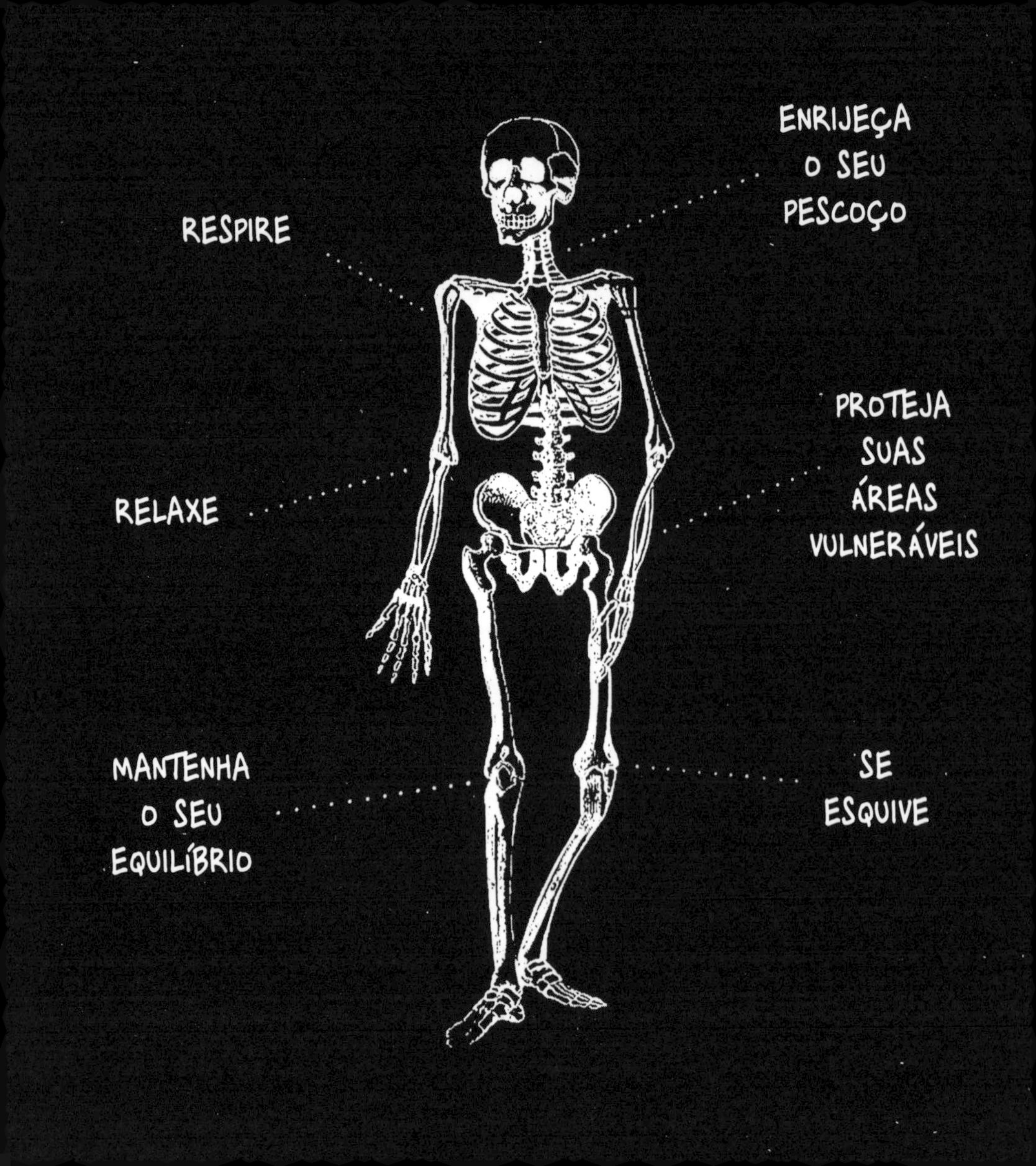

- ENRIJEÇA O SEU PESCOÇO
- RESPIRE
- PROTEJA SUAS ÁREAS VULNERÁVEIS
- RELAXE
- MANTENHA O SEU EQUILÍBRIO
- SE ESQUIVE

O medo é muitas vezes apenas a imaginação fazendo uma curva errada. Uma crítica ruim não é o fim do mundo. Até onde eu sei, ninguém nunca morreu por causa de uma opinião negativa. Respire fundo e aceite tudo o que vier. Considere praticar meditação – funciona para mim.

Enrijeça o seu pescoço. A melhor maneira de sobreviver é praticar apanhar muito. Coloque muito trabalho no mundo. Deixe as pessoas atacarem com toda a força. Em seguida, produza ainda mais e continue expondo. Quanto mais críticas recebe, mais você percebe que não podem machucá-lo.

Se esquive. Continue andando. Toda crítica é uma oportunidade para novos trabalhos. Você não pode controlar o tipo de crítica que recebe, mas pode controlar como reage a elas. Às vezes, quando as pessoas odeiam algo em seu trabalho, é divertido intensificar esse elemento para que odeiem ainda mais. Ter seu trabalho odiado por certas pessoas é uma honra.

Proteja suas áreas vulneráveis. Se você tem um trabalho que é muito sensível ou íntimo para ser exposto à crítica, mantenha-o escondido. Porém lembre-se do que o escritor Colin Marshall disse: "A compulsão por evitar o constrangimento é uma forma de suicídio." Se gasta sua vida evitando se sentir vulnerável, você e seu trabalho nunca se conectarão verdadeiramente com outras pessoas.

Mantenha o seu equilíbrio. Você deve lembrar que seu trabalho é algo que você faz, e não quem você é. Isto é especialmente difícil para os artistas aceitarem, já que muito do que fazem é pessoal. Fique perto de sua família, amigos e pessoas que o amam por ser quem é, não apenas pelo seu trabalho.

> "O truque não é se preocupar com o que TODOS pensam sobre você. É apenas se preocupar com o que as pessoas que IMPORTAM pensam sobre você."
>
> — *Brian Michael Bendis*

NÃO ALIMENTE OS TROLLS.

O primeiro passo para avaliar a crítica é dimensionar de quem veio. Você quer comentários de pessoas que se preocupam com você e com o que faz. Tenha cuidado com os comentários de alguém que está fora desse círculo.

Um troll é uma pessoa que não está interessada em melhorar seu trabalho, e sim em provocá-lo com conversas invejosas, agressivas ou perturbadoras. Você não ganhará nada se envolvendo com essas pessoas. Não as alimente, e elas geralmente vão embora.

Trolls podem surgir do nada e aparecer em lugares inesperados. Logo que meu filho nasceu, uma mulher (que provavelmente me seguia e talvez fosse uma fã) entrou no

Twitter e me enviou meia dúzia de mensagens sobre ela saber que meu livro *Roube como um artista* fora escrito por alguém sem filhos e que eu ia pagar pra ver. Ela então começou a citar passagens do livro, seguidas de pequenos comentários como "Rá-rá! Tente isso quando você estiver acordado às três da manhã com um bebê chorando!".

Estou na internet há muito tempo. Recebo muitos e-mails de pessoas que são, provavelmente, tristes, horríveis ou completamente insanas. Tenho uma boa barreira mental que filtra o que eu deixo me afetar.

Esta mulher, no entanto, me afetou.

Porque, é claro, o pior troll é aquele que vive na sua cabeça. É a voz que diz que você não é bom o suficiente, que você não presta, que nunca será ninguém. É a voz que me disse que eu nunca escreveria uma só palavra depois de ter me tornado pai. Uma coisa é ter um troll em seu cérebro, outra diferente é ter um estranho segurando um megafone aos gritos.

superam as comentários ideias.

Você tem um problema com um troll? Use o botão BLOQUEAR nas redes sociais. Exclua comentários desagradáveis. Minha esposa gosta de dizer: "Se uma pessoa jogasse lixo na sua sala de estar, você não deixaria o lixo lá, não é?" Os comentários desagradáveis são do mesmo jeito – devem ser retirados e jogados no lixo.

Em algum momento, você pode considerar desativar os comentários completamente. Ter um espaço para comentários é o mesmo que convidar os leitores a fazê-lo. "Não existe um espaço embaixo das pinturas dentro de uma galeria onde alguém possa escrever sua opinião", diz a cartunista Natalie Dee. "Quando você chega ao final de um livro, não precisa saber o que todos acharam dele." Deixe as pessoas entrarem em contato diretamente com você ou copiar seu trabalho em seus próprios espaços e falar sobre tudo o que quiserem a respeito.

⑨ VEN

DA-SE.

"Vendido... Eu não sou fissurado por essa palavra. Todos somos empreendedores. Não me importa se você possui uma loja de móveis ou o que quer que seja — a melhor placa que você pode colocar na vitrine é TUDO VENDIDO."

— *Bill Withers*

ATÉ A RENASCENÇA TEVE QUE SER FINANCIADA.

As pessoas precisam comer e pagar o aluguel. "Um amador é um artista que se sustenta com trabalhos externos que lhe permitem pintar", disse o artista Ben Shahn. "Um profissional é alguém cuja esposa trabalha para que ele possa viver de pintar." Se um artista ganha dinheiro com o seu trabalho ou não, o dinheiro deve vir de algum lugar, seja de um trabalho diurno, um cônjuge rico, um fundo de garantia, uma bolsa de artes ou um patrono.

Todos temos que superar o romantismo do "artista faminto" e a ideia de que o dinheiro uma vez tocado corrompe intrinsecamente a criatividade. Alguns dos nossos artefatos

SOLD OUT

Esgotado

culturais mais significativos e apreciados foram feitos por dinheiro. Michelangelo pintou o teto da Capela Sistina porque o papa encomendou. Mario Puzo escreveu *O poderoso chefão* para ganhar dinheiro: ele tinha 45 anos, estava cansado de ser um artista e devia uma quantia de vinte mil dólares para vários parentes, bancos, casas de apostas e agiotas. Paul McCartney disse que ele e John Lennon costumavam sentar-se para compor músicas para os Beatles e falavam: "Agora, vamos escrever uma piscina."

Todo mundo diz que quer que os artistas ganhem dinheiro, e então, quando eles conseguem ganhar, todos os odeiam por isso. A palavra *vendido* é cuspida com amargura para todos os lados. Não seja um daqueles fãs terríveis que param de ouvir sua banda favorita apenas porque lançou uma música de sucesso. Não aborreça seus amigos só porque se deram bem. Não fique com ciúmes quando as pessoas de quem gosta fazem um bom trabalho – comemore a vitória delas como se fosse sua.

PASSE O CHAPÉU.

> "Eu adoraria ter me vendido todo, mas ninguém estava disposto a comprar."
>
> — *John Waters*

Quando o trabalho que você está colocando no mundo começa a encontrar um público, você pode querer dar o pulo para tentar transformá-lo em retorno financeiro. A maneira mais fácil de fazer isso é simplesmente pedir doações: coloque um botão DOE AGORA no seu site. Esse tipo de ferramenta funciona melhor quando tem um toque mais humano, como "Gostou disso? Pague-me um café". É uma transação muito simples, equivalente a uma banda passando um chapéu durante uma apresentação – se as pessoas estão gostando do que você faz, eventualmente darão alguma contribuição.

Se você tem um trabalho que requer algum capital de investimento para ser realizado, plataformas de financiamento coletivo, como Benfeitoria, Vakinha e Catarse, facilitam a execução de campanhas de arrecadação de fundos com recompensas diferenciadas para os doadores. É importante notar que essas plataformas funcionam melhor quando você já reuniu um grupo de pessoas conectadas com o que você faz. A cantora e pianista Amanda Palmer teve um grande sucesso transformando seu público em clientes: depois de mostrar seu trabalho, compartilhar sua música livremente e cultivar o relacionamento com os fãs, ela pediu na plataforma Kickstarter uma ajuda de cem mil dólares para gravar seu próximo álbum. Eles lhe deram mais de um milhão de dólares.

Certamente, algumas amarras surgem com o financiamento coletivo – quando as pessoas se tornam clientes, sentem, não sem razão, que têm direito a alguma opinião sobre como seu dinheiro está sendo usado. É por essa razão que meu modelo de negócios ainda é bastante tradicional: faço algo e o vendo por dinheiro. Em vez de ter um botão DOE AGORA no meu site, tenho um COMPRE AGORA e um ME CONTRATE. Porém, mesmo que eu opere mais como um vendedor tradicional, uso algumas das mesmas táticas de quem prefere financiamento coletivo: tento abrir o meu processo para o público, me conecto com ele e peço que me apoie comprando as coisas que estou vendendo.

PLEASE PAY ME

← ▬ ▬ ▬ ▬

u·park
SYSTEM

Por favor me pague

Preste atenção ao vender as coisas que ama: quando as pessoas são convidadas a abrir suas carteiras, você descobre o quanto realmente valorizam o que você faz. Meu amigo John T. Unger conta uma história fantástica sobre seu passado como poeta de rua. Ele fez uma leitura de poesia e, depois, um cara foi até ele e disse: "Seu poema mudou a minha vida, cara!" E John respondeu: "Ah, obrigado. Quer comprar um livro? São cinco dólares." O cara pegou o livro, deu uma olhada e entregou de volta a John, dizendo: "Obrigado." A que John respondeu: "Poxa! Quanto vale sua vida?"

Seja pedindo doações, fazendo uma campanha de financiamento coletivo ou vendendo seus produtos ou serviços, pedir dinheiro em troca do seu trabalho é um passo que você dá somente quando está se sentindo confiante para colocar o seu trabalho no mundo, pois acredita que ele vale realmente alguma coisa. Não tenha medo de cobrar pelo seu trabalho, mas coloque um preço que ache que é justo.

MANTENHA UMA LISTA DE E-MAIL.

Mesmo que você não tenha nada para vender agora, deve sempre guardar endereços de e-mail de pessoas que se deparam com o seu trabalho e que gostariam de manter contato. Por que e-mail? Você notará um padrão na tecnologia – muitas vezes as tecnologias mais entediantes e funcionais são as que se mantêm ao longo do tempo. O e-mail já envelheceu décadas e décadas, mas não está nem perto de morrer. Embora quase todo mundo o odeie, todos têm um endereço de e-mail. E, diferente do RSS e dos feeds de mídias sociais, se você enviar um e-mail para alguém, ele chegará a sua caixa, o que chamará sua atenção. O destinatário pode até não abri-lo, mas definitivamente terá que gastar tempo excluindo-o.

Conheço pessoas que criaram empresas multimilionárias a partir de suas listas de correspondência. O modelo é muito simples: elas oferecem coisas ótimas em seus sites, coletam e-mails e, quando têm algo notável para compartilhar ou vender, enviam um e-mail. Você ficaria impressionado com o bom funcionamento desse modelo.

Mantenha sua própria lista, ou crie uma conta em uma empresa de envio de e-mail, como o MailChimp, e coloque um pequeno espaço para inscrição em todas as páginas do seu site. Escreva um pouco para incentivar as pessoas a se inscreverem. Seja claro sobre o que podem esperar, se você enviará atualizações diárias, mensais ou com pouca frequência. *Nunca adicione o endereço de e-mail de alguém à sua lista de contatos sem permissão.*

As pessoas que se inscreverem na sua lista serão alguns de seus maiores apoiadores, pelo simples fato de terem feito isso pela espontânea vontade de receber novidades sobre seus trabalhos na caixa de e-mail delas. Não traia sua confiança e não exagere. Crie sua lista e a trate com respeito. Ela será útil.

MY
BUSINESS
IS

ART

Meu
negócio
é arte

> "Nós não fazemos filmes para ganhar dinheiro, nós ganhamos dinheiro para fazer mais filmes."
>
> — *Walt Disney*

FAÇA MAIS TRABALHOS PARA VOCÊ.

Algumas pessoas desagradáveis usam o termo *vendido* para falar de qualquer artista que se atreva a ter uma mínima ambição. Elas dirão que você é um vendido se tentar ir além de sua cidade natal. Dirão que você é um vendido se comprar um equipamento melhor. Dirão que é um vendido se você tentar algo novo.

"Há um ponto na vida quando alguém se preocupa a se vender ou não", escreve o autor Dave Eggers. "Felizmente, para alguns, isso tudo passa." O que realmente interessa, diz Eggers, é fazer um bom trabalho e aproveitar todas as oportunidades. "Eu realmente gosto de dizer sim. Gosto de coisas novas, projetos, planos, pessoas juntas fazendo algo, tentando, mesmo quando é bobo ou estúpido." As pessoas que gritam "Vendido!" na verdade estão gritando "Não!". Elas são as pessoas que não querem que as coisas mudem.

No entanto, uma vida criativa precisa de mudança – avançar, correr os riscos, explorar novos horizontes. "O risco real é não mudar", disse o saxofonista John Coltrane. "Tenho que sentir que estou correndo atrás de algo. Se eu ganhar dinheiro, legal. Porém prefiro estar correndo atrás. É o esforço que eu quero, cara."

Seja ambicioso. Mantenha-se ocupado. Pense maior. Expanda seu público. Não se castigue em nome de "ser humilde" ou "não se vender". Tente coisas novas. Se surgir uma oportunidade de fazer mais do tipo de trabalho que deseja fazer, *diga "Sim"*. Se surgir uma oportunidade de mais dinheiro, mas menos do tipo de trabalho que quer fazer, então *diga "Não"*.

> "Não há miséria na arte. Toda arte é questão de dizer sim, e toda arte é sobre sua própria criação."
>
> — *John Currin*

PASSE ADIANTE.

Quando alcançar o sucesso, é importante usar qualquer grana, influência ou plataforma que tenha adquirido para ajudar as pessoas que, de alguma forma, o ajudaram a chegar onde você está. Exalte seus professores, mentores, heróis, influências, colegas e fãs. Dê-lhes a chance de compartilhar seu próprio trabalho. Jogue oportunidades para eles.

Há uma advertência, no entanto, para tudo isso: como ser humano, você tem uma quantidade finita de tempo e atenção. Em algum momento, vai ter que parar de dizer muito "sim" para dizer muito "não". "O maior problema do sucesso é que o mundo conspira para impedir que você faça o que faz, porque é bem-sucedido", escreve o autor Neil Gaiman. "Houve um dia em que parei e percebi que tinha me tornado alguém que responde e-mails profissionalmente e escreve como hobby. Comecei a responder menos e-mails, e fiquei aliviado por começar a escrever muito mais."

Eu me encontro numa posição estranha agora: recebo tantos e-mails que seria impossível responder tudo e ainda fazer o que preciso fazer. A maneira como driblei minha culpa por não responder os e-mails foi criar horários de atendimento. Uma vez por mês abro a oportunidade para qualquer um me perguntar sobre o que quiser no meu site e tento dar respostas bem pensadas, que posto para que todos possam ver.

Você só precisa ser tão generoso quanto possível, mas egoísta o suficiente para fazer seu trabalho.

SUNDAY JUNE,
11AM
& PRACTICING
5PM GENEROSITY

Pratique a generosidade

> "Sobretudo, reconheça que se você teve sucesso, também teve sorte — e com a sorte vem a obrigação. Você tem uma dívida não apenas com seus deuses. Tem uma dívida com os desafortunados."
>
> — *Michael Lewis*

⑩ FIQUE

POR

PERTO.

NÃO ABANDONE O SEU PROGRAMA.

Toda carreira está cheia de altos e baixos e, assim como com histórias, quando você está no meio do processo, vivendo sua vida e carreira, não sabe se está para cima ou para baixo, nem o que está prestes a acontecer a seguir. "Se você quer um final feliz, só depende, é claro, de onde interrompe sua história", escreveu o ator Orson Welles. "Não há segundo ato na vida americana", escreveu o autor F. Scott Fitzgerald; mas, se olhar em volta, você perceberá que não só há segundo ato, como também terceiro, quarto e quinto. (Se você está lendo os obituários todas as manhãs, já sabe disso.)

As pessoas que conseguem o que estão procurando são, muitas vezes, as que conseguem se manter mais tempo no mesmo lugar. É muito importante não parar cedo demais. O comediante Dave Chappelle estava fazendo uma apresentação de *stand-up* em Dallas há pouco tempo e começou a brincar com a possibilidade de desistir de seu lucrativo acordo com o canal Comedy Central para o seu programa *Chappelle's Show*. Ele disse que foi convidado a dar alguns conselhos para uma turma de ensino médio. "Assim, seja lá o que for, não desista do seu programa", disse ele. "A vida é muito difícil sem um programa, crianças."

"No nosso negócio, você não desiste", diz a comediante Joan Rivers. "Você está segurando a escada. Quando eles cortarem suas mãos, segure com seu cotovelo. Quando cortarem seus braços, segure com os dentes. Você não desiste porque não sabe de onde vem o próximo trabalho."

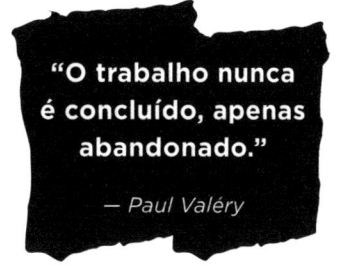

> "O trabalho nunca é concluído, apenas abandonado."
>
> — *Paul Valéry*

Apenas continue.

Você não pode planejar tudo; só pode fazer seu trabalho, como Isak Dinesen escreveu "Todos os dias, sem esperança ou desespero." Você não pode contar com o sucesso; só pode deixar a possibilidade aberta e estar pronto para saltar e pegar o bonde quando ele passar por você.

Uma vez meu colega de trabalho John Croslin e eu voltamos do almoço e o estacionamento do nosso prédio estava completamente cheio. Demos voltas no estacionamento, num calor sufocante, por muito tempo, e quando estávamos prestes a desistir, uma vaga se abriu e John correu para ela. Ao fechar a porta, ele disse: "Você tem que jogar até os 45 do segundo tempo, cara." Bom conselho para o estacionamento e a vida em geral.

NÃO PARE.

Alguns anos atrás, havia um *reality show* no canal Bravo chamado *Work of Art*, no qual cada semana os artistas competiam uns contra os outros por algum dinheiro e a chance de conseguir ser expostos em um museu. Se você ganhasse o desafio do episódio, recebia imunidade para a próxima rodada, e poderia respirar um pouco mais aliviado na semana seguinte.

O anfitrião dizia algo como: "Parabéns, Austin. Você criou uma obra de arte. Você tem imunidade para o próximo desafio."

Se ao menos a vida fosse como um *reality show*! Como todo autor sabe, seu último livro não vai escrever o próximo para você. Um projeto bem-sucedido ou fracassado não é garantia de outro sucesso ou fracasso. Se você acabou de ganhar muito ou perder muito, ainda precisa enfrentar a pergunta "E agora?".

Se você olha para artistas que conseguiram manter carreiras a vida inteira, detecta o mesmo padrão: todos conseguiram perseverar, independentemente de sucesso ou falha. O diretor Woody Allen faz uma média de um filme por ano há quarenta anos porque ele nunca perde tempo: o dia em que finaliza a edição do filme é o dia em que começa a escrever o roteiro para o próximo. Bob Pollard, o vocalista e compositor da banda Guided by Voices, diz que nunca teve um bloqueio criativo porque nunca parou de escrever. O autor Ernest Hemingway parava no meio de uma frase no final do dia, para que soubesse por onde começar pela manhã. A cantora e compositora Joni Mitchell diz que o que sente como o elo fraco em seu último projeto é o que dá inspiração para o próximo.

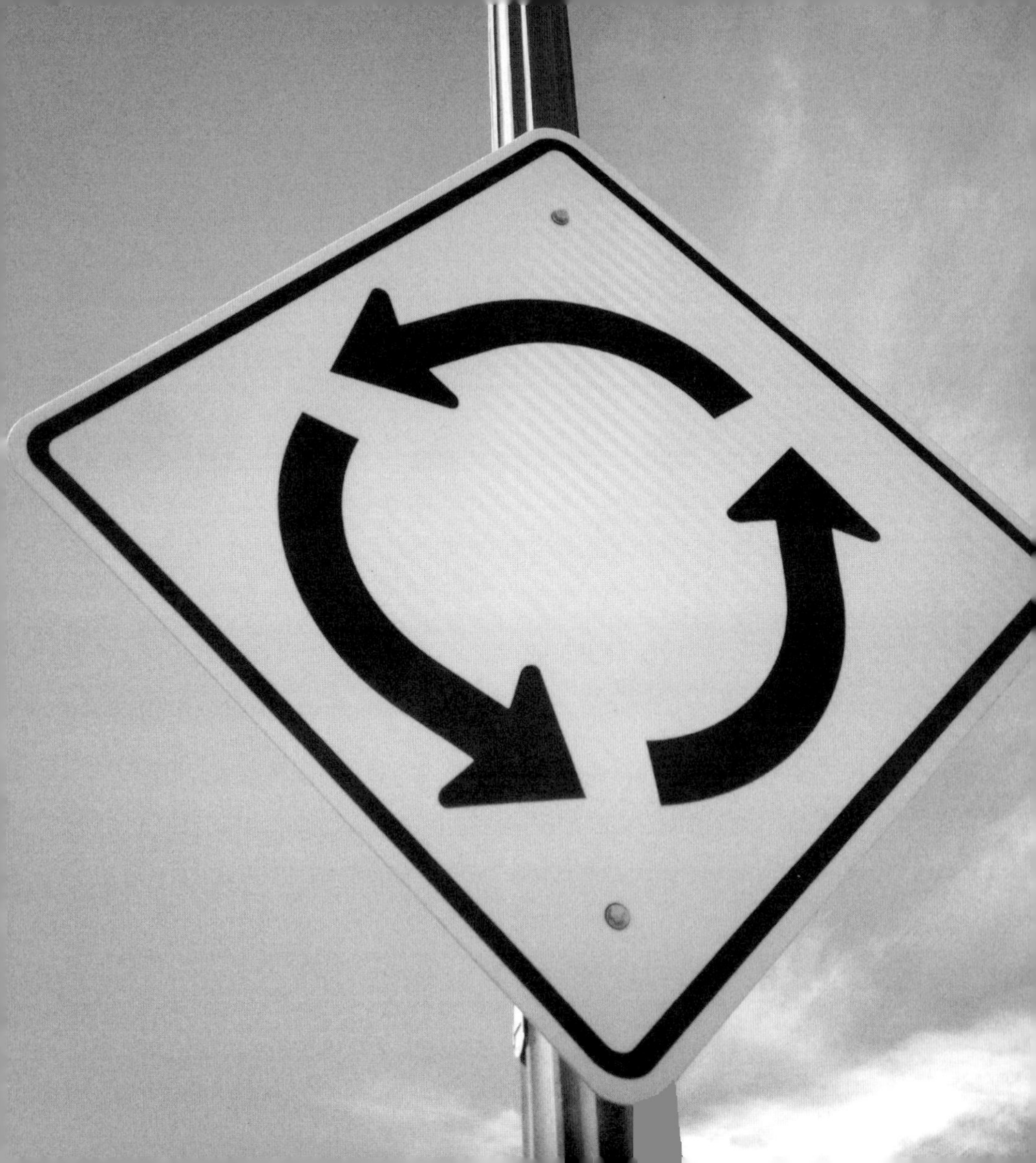

Junte todos esses elementos e terá uma maneira de trabalhar sem parar. Você evita paralisar sua carreira, nunca perdendo a força. Veja como faz isso: em vez de dar uma pausa entre projetos, aguardar comentários e se preocupar com o que vem depois, use o final de um projeto para encadear o próximo. Basta fazer o trabalho que está na sua frente, e quando terminá-lo, pergunte-se o que perdeu, o que poderia ter feito melhor ou o que não conseguiu, e pule diretamente para o próximo projeto.

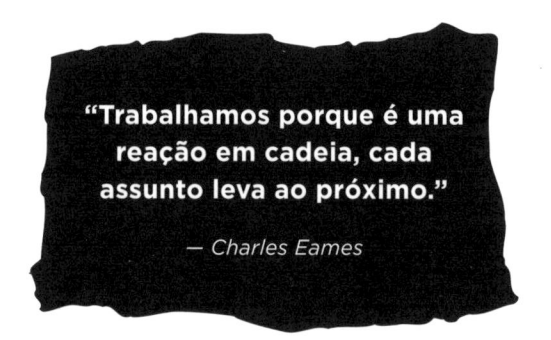

> "Trabalhamos porque é uma reação em cadeia, cada assunto leva ao próximo."
>
> — *Charles Eames*

VÁ EMBORA PARA VOLTAR.

> "No momento em que para de querer algo, você consegue."
>
> — *Andy Warhol*

Encadear projetos é uma ótima maneira de continuar, mas, em algum momento, você pode se esgotar e precisar parar para reabastecer. A melhor maneira de fazer isso é durante um período sabático.

O designer Stefan Sagmeister é adepto do poder do *sabático* – a cada sete anos, fecha seu estúdio e tira um ano de folga. A sua lógica é: dedicamos os primeiros 25 anos (ou mais) das nossas vidas a aprender, os quarenta anos seguintes a trabalhar e os últimos quinze para a aposentadoria, então por que não pegar cinco anos da aposentadoria e usá-los para dar uma folga nos anos de trabalho? Ele diz que o ano sabático se tornou inestimável para o seu trabalho: "Tudo o que criamos nos sete anos que seguiram o primeiro ano sabático teve suas raízes fincadas durante este período."

Também experimentei esse fenômeno: passei meus dois primeiros anos fora da faculdade trabalhando meio período em uma biblioteca, em um emprego tranquilo, sem fazer nada além de ler, escrever e desenhar. Eu diria que passei

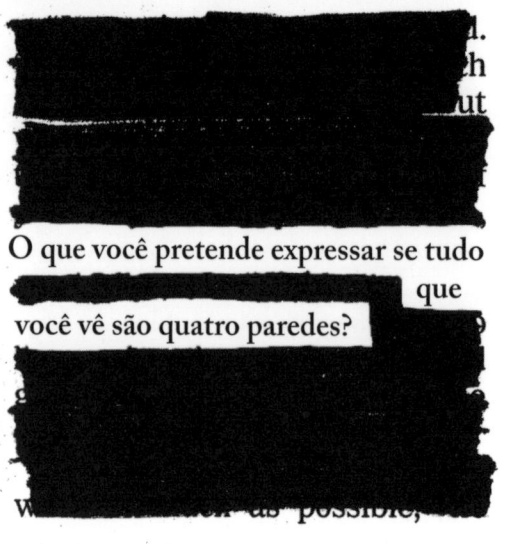

O que você pretende expressar se tudo que você vê são quatro paredes?

Fuja do escritório

Para captar um sinal desligue o seu celular

Não morra apenas desapareça por um tempo

os anos seguintes executando muitas das ideias que tive durante esse período. Agora a bateria está começando a morrer depois de sete anos de uso e acho que preciso de outro período para recarregá-la e me inspirar novamente.

Claro, um ano sabático não é algo que você possa realizar sem qualquer preparação. Sagmeister diz que seu primeiro ano sabático levou dois anos de planejamento e preparação de orçamento, e seus clientes foram avisados com um ano inteiro de antecedência. A realidade é que a maioria de nós simplesmente não tem a flexibilidade em nossas vidas para poder sair do nosso trabalho por um ano inteiro. Felizmente, todos podemos aproveitar pequenos períodos sabáticos *práticos* – pausas diárias, semanais ou mensais, durante as quais nos separamos completamente do nosso trabalho. A escritora Gina Trapani apontou três formas principais para desligar nossos cérebros e tirar uma pausa de nossas vidas conectadas:

- **Deslocamento.** Um trem em movimento ou um vagão de metrô é o momento perfeito para escrever, desenhar, ler ou simplesmente olhar pela janela. (Se você dirige, os audiolivros são uma ótima maneira de se desligar do entorno.) Geralmente nos deslocamos duas vezes por dia, e é bom para separar nossa vida profissional da doméstica.

- **Exercício.** Mexer o corpo relaxa nossa mente, e quando ela fica relaxada, se abre para novos pensamentos. Corra na esteira e deixe sua mente vagar. Se você é como eu e odeia fazer exercício, adote um cão – cachorros não vão deixar você passar o dia em casa sem dar uma voltinha.

- **Natureza.** Vá para um parque. Faça uma caminhada. Cuide do seu jardim. Saia no ar fresco. Desconecte-se de qualquer aparelho eletrônico.

É muito importante separar o seu trabalho do resto da sua vida. Como minha esposa me disse: "Se você nunca *vai* trabalhar, nunca *deixa* o trabalho."

"A cada dois ou três anos, dou um tempo no trabalho. Dessa forma sou sempre a 'garota nova' no prostíbulo."

— *Robert Mitchum*

~~RECOMECE.~~
COMECE DE NOVO.

> "Sempre que Picasso aprendeu como fazer algo, logo depois abandonou."
>
> — *Milton Glaser*

Quando sentir que aprendeu o que dava para aprender com o que estava fazendo, é hora de mudar de rota e encontrar algo novo, para que você possa seguir em frente. Você não pode se contentar com o domínio, tem que procurar se tornar um aluno novamente. "Qualquer um que não tenha vergonha de quem foi no ano passado provavelmente não está aprendendo o suficiente", escreveu o autor Alain de Botton.

O comediante Louis C.K. trabalhou no mesmo material por 15 anos, até descobrir que seu herói, George Carlin, jogava seu material fora todos os anos e começava do zero. C.K. estava com medo de experimentar, mas, uma vez que o fez, libertou-se. "Quando você termina de contar piadas sobre aviões e cães e as joga fora, o que lhe resta? Só é possível escavar mais fundo. Você começa a falar sobre seus sentimentos e quem você é. E então faz essas piadas e elas se vão. E você precisa cavar mais fundo." Quando se livra do material antigo, você anda para frente e encontra algo melhor. Quando joga fora o trabalho antigo, o que realmente está fazendo é abrir espaço para novos trabalhos.

em

direção
ao próximo

sonho,

Você tem que ter a coragem de se livrar do trabalho e repensar completamente as coisas. "Preciso arruinar tudo o que fiz e reconstruir a partir do zero", disse o diretor Steven Soderbergh sobre sua futura aposentadoria do mundo dos filmes. "Não porque sei tudo, mas porque agora sei o que não sei e preciso derrubar e recomeçar de novo."

O segredo é: você nunca recomeça do zero. Não perde todo o trabalho que veio antes. Mesmo se tentar deixá-lo de lado, as lições que aprendeu com ele se infiltrarão no que você fará em seguida.

Mostre seu trabalho, e quando as pessoas certas aparecerem, preste muita atenção a elas, porque terão muito para mostrar a você.

Logo, não pense nisso como recomeçar do zero. Pense como começar de novo. Volte para o capítulo 1 – literalmente! – e torne-se um amador. Procure algo novo para aprender e, quando encontrar, dedique-se a aprender de forma pública. Documente seu progresso e compartilhe com os outros para que possam aprender junto com você.

E AGORA ?

- ENTRE NA INTERNET E POSTE SOBRE O QUE VOCÊ ESTÁ TRABALHANDO NO MOMENTO COM A TAG #SHOWYOURWORK.

- PLANEJE UMA NOITE ESPECIAL COM SEUS AMIGOS OU COLEGAS. USEM ESTE LIVRO COMO UM GUIA: COMPARTILHEM TRABALHOS EM PROGRESSO E CURIOSIDADES, CONTEM HISTÓRIAS E ENSINEM UNS AOS OUTROS.

- DÊ UM EXEMPLAR DESTE LIVRO PARA ALGUÉM QUE VOCÊ ACREDITA QUE PRECISA LÊ-LO.

> "LIVROS SÃO FEITOS DE LIVROS."
>
> — CORMAC McCARTHY

- BRIAN ENO, A YEAR WITH SWOLLEN APPENDICES
- STEVEN JOHNSON, DE ONDE VÊM AS BOAS IDEIAS (ED. ZAHAR)
- DAVID BYRNE, HOW MUSIC WORKS
- MIKE MONTEIRO, DESIGN IS A JOB
- KIO STARK, DON'T GO BACK TO SCHOOL
- IAN SVENONIUS, SUPERNATURAL STRATEGIES FOR MAKING A ROCK 'N' ROLL GROUP
- SIDNEY LUMET, FAZENDO FILMES (ED. ROCCO)
- P.T. BARNUM, THE ART OF MONEY GETTING

S.P.P.V.

(SUA PREFERÊNCIA PODE VARIAR!)

ALGUNS CONSELHOS PODEM SER UM VÍCIO.

SINTA-SE À VONTADE PARA APROVEITAR O QUE SERVE E DEIXAR O RESTO.

NÃO EXISTEM REGRAS.

EU MOSTRO MEU TRABALHO EM: WWW.AUSTINKLEON.COM

BASTIDORES

TRECHOS NÃO EDITADOS DO PROCESSO DE CRIAÇÃO DESTE LIVRO...

NOSSOS OBITUÁRIOS SÃO ESCRITOS ANTES DE MORRERMOS

GRANDE ARTE TORNA-SE PEQUENA, PEQUENA ARTE TORNA-SE GRANDE

INVENTE OUTRO VOCÊ – AÍ PODERÁ CULPÁ-LO

PRIMEIRO, SEJA ÚTIL, DEPOIS, NECESSÁRIO

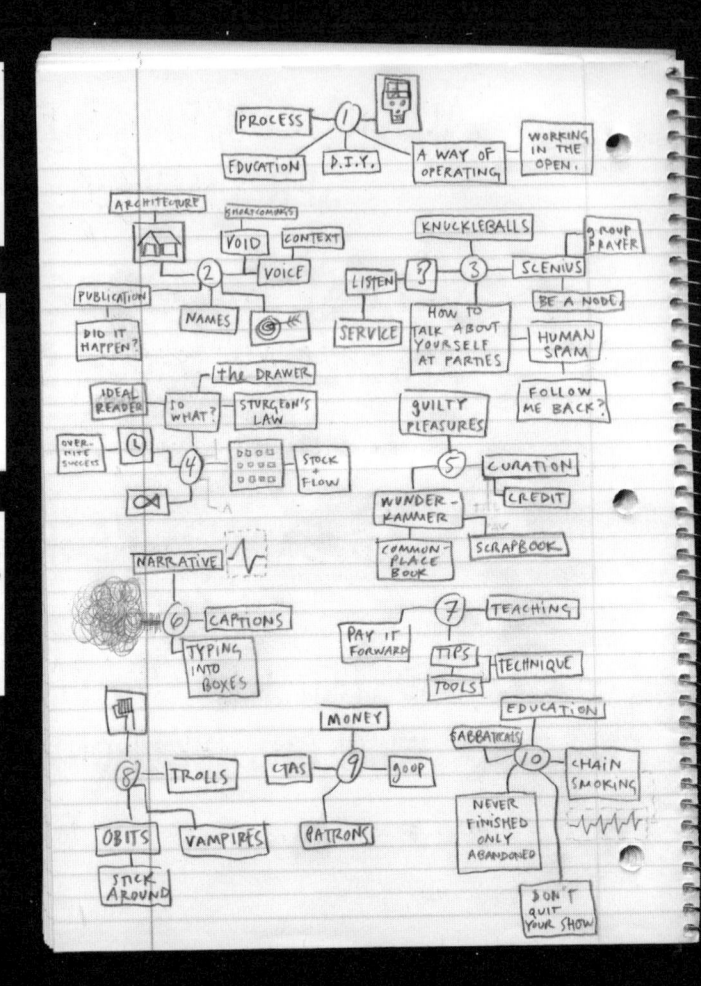

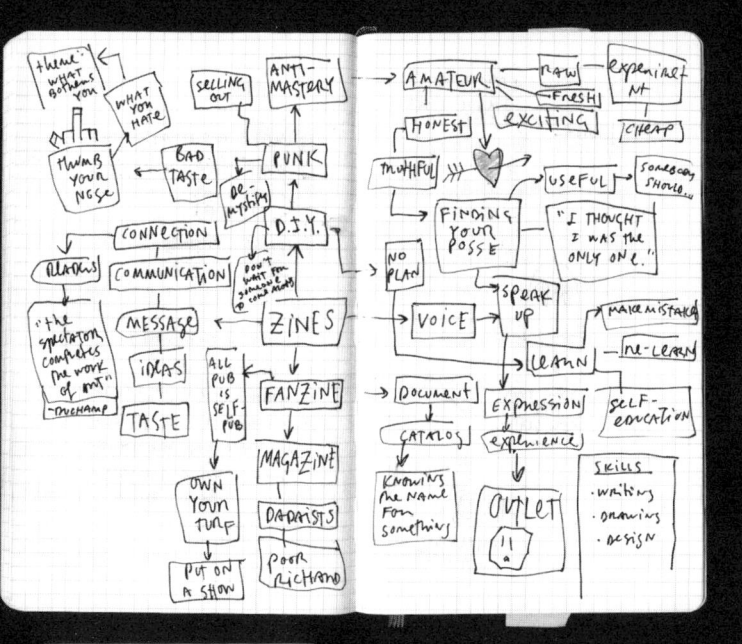

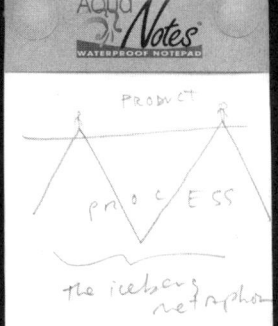

ENCONTRE SUA VOZ AO SE JUNTAR AO CORO.

ESQUEÇA A GRANDE IDEIA
MUITAS IDEIAS PEQUENAS.

"NUNCA PLANEJEI NADA. NÃO TENHO CARREIRA ALGUMA. TENHO APENAS UMA VIDA."

— WERNER HERZOG

Ⓐ ARMÁRIO DE ARQUIVO PÚBLICO.

ESCONDE-
-ESCONDE

THE BEST THING TO DO IS CLICK [PUBLISH] AND WALK AWAY. CLOSE THE LAPTOP AND GO BACK TO WORK. IN THE MORNING, YOU CAN RETURN, LIKE A ~~TRAPPER~~ HUNTER CHECKING HIS TRAPS, TO SEE IF ANYBODY HAS TAKEN THE BAIT.

THE DRAWER

HUMANS DREAM OF TIME-TRAVEL WHEN IT'S ACTUALLY AT OUR FINGERTIPS.

A DRAWER IS A KIND OF TIME MACHINE. WHEN YOU'VE FINISHED A PIECE OF WORK, YOU DON'T KNOW RIGHT AWAY IF IT'S ANY GOOD, BECAUSE YOU'RE TOO CLOSE TO IT. IT'S TOO FAMILIAR. YOU MUST BECOME AN EDITOR, WHEN YOU'RE STILL THE CREATOR.

YOU MUST, SOMEHOW ESTRANGE YOURSELF FROM WHAT YOU'VE MADE. THE EASIEST WAY TO DO THIS IS TO PUT IT AWAY AND <u>FORGET ABOUT IT</u>.

HOW TO TALK ABOUT YOURSELF AT PARTIES

"JUST BE YOURSELF" IS TERRIFIC ADVICE IF, UNLIKE ME, YOU HAPPEN TO BE NATURALLY GIFTED AND PLEASANT TO BE AROUND.

CATCHING EYEBALLS IS EASY, BUT GRABBING HEARTS IS HARD.

LOOK AT THE NUMBERS, [NORTH STAR] BUT BE BRAVE ENOUGH TO IGNORE THEM. IT'S OKAY TO LET RESPONSES TO YOUR WORK PUSH IT IN DIFFERENT DIRECTIONS, BUT IT HELPS TO ALWAYS KEEP AN EYE ON YOUR INTERNAL COMPASS, SO YOU DON'T GET LOST IN THE WOODS.

THE GULP

SEP 27 2016

THERE'S A PERIOD OF TIME, ACCORDING TO JONATHAN LETHEM. A PLACE AFTER YOU'VE FINISHED SOMETHING AND BEFORE YOU'VE PUBLISHED IT, IN WHICH IT NO LONGER BELONGS TO YOU, BUT IT DOESN'T BELONG TO THE AUDIENCE YET, EITHER. HE CALLS THIS "THE GULP." IT'S AN UNSETTLING PLACE.

WHAT IF WE GIVE IT AWAY?

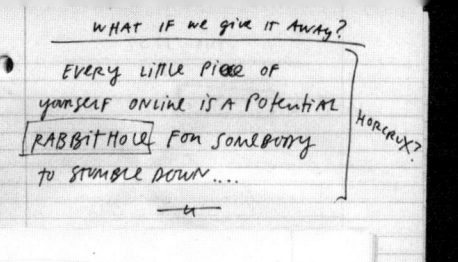

EVERY LITTLE PIECE OF
YOURSELF ONLINE IS A POTENTIAL
RABBIT HOLE FOR SOMEBODY — HORCRUX?
TO STUMBLE DOWN....

→ MOST ART WE LOVE ~~ACTUALLY~~
HAS THE EXACT QUALITIES
WE'RE AFRAID OF REVEALING
IN OUR OWN WORK:
IMPERFECTION, VULNER
IT'S UNPOLISHED, VULNERABLE,
POTENTIALLY EMBARRASSING,
EASILY COPIED, ETC.

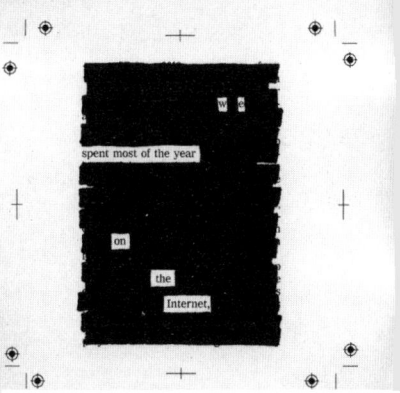

spent most of the year
on
the
Internet.

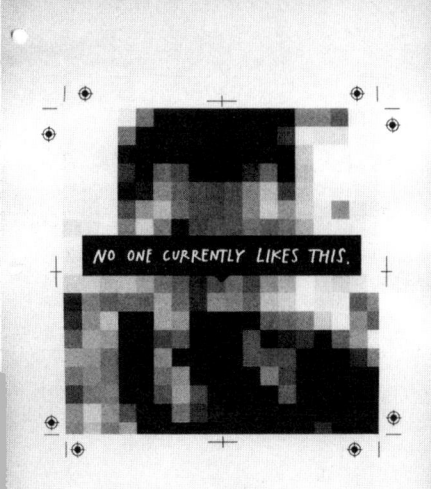

NO ONE CURRENTLY LIKES THIS.

YOUR DUMBEST IDEA COULD BE THE ONE THAT TAKES OFF:

MANY OF THE MOST POPULAR THINGS
I'VE POSTED ONLINE STARTED AS
STUPID IDEAS.

~~THIS IS THE WAR THING ABOUT
THE DRAW— SOMETIMES YOU
EDIT TOO MUCH SOMETHING
B/C YOU'RE AFRAID OF IT BAD.~~

WILLINGNESS TO LOOK STUPID...

NOT-KNOWING IS THE ENGINE
THAT CREATIVITY RUNS ON.
SOME OF MY BEST IDEAS AT THE
BEGINNING, I LITERALLY CAN'T
TELL IF THEY'RE SLIGHT OR PROFOUND.

SEP 26 2012

trabalhar em um livro

tornar-se exaustivo

OBRIGADO

Para minha esposa, Meghan, que ouviu todas as más ideias
e leu cada rascunho. Ela teve que conviver com o livro durante
todo o tempo em que o escrevi, e ele não existiria sem sua
paciência, seu apoio e sua orientação editorial.

· · · · · · · · · ·

Para meu agente, Ted Weinstein, que me ajudou a conceber
a ideia e me motivou para terminar.

Para meu editor, Bruce Tracy, minha designer de livros, Becky Terhune,
e todas as pessoas da Workman – fazemos uma boa equipe.

· · · · · · · · · ·

Para todos os meus amigos da internet e de fora dela, que me ajudaram ao
longo do caminho, incluindo: Wendy MacNaughton, Kio Stark, Matt Thomas,
Julien Devereux, Steven Tomlinson, Mike Monteiro, Hugh MacLeod,
John T. Unger, Maria Popova, Seth Godin e Lauren Cerand.

· · · · · · · · · ·

Finalmente, para Owen, que não tá nem aí para nada disso.

NOTAS & CRÉDITOS DAS ILUSTRAÇÕES

1. Você não tem que ser um gênio.
Fiz a foto de Beethoven em San Francisco, do lado de fora da Academia de Artes e Ciências do Golden Gate Park. O busto é uma cópia do monumento do escultor Henry Baerer no Central Park.

"Leia obituários" também é o capítulo 6½ do livro de Charles Wheelan *10½ Things No Commencement Speaker Has Ever Said* (W. W. Norton & Company, 2012).

2. Pense em processo, não produto.
O título da segunda seção vem de algo que Gay Talese disse uma vez em uma entrevista: "Sou um documentarista do que faço."

4. Abra seu gabinete de curiosidades.

A gravura (com efeito de inversão horizontal) é de Ferrante Imperato, do livro *Dell'Historia Natural di Ferrante Imperato Napolitano* (1599). Também aparece no verso de *Mr. Wilson's Cabinet of Wonder*, de Lawrence Weschler (Pantheon, 1995).

A foto do letreiro na parede de tijolos foi tirada em um beco escondido em algum lugar da Filadélfia. A imagem não foi alterada.

5. Conte boas histórias.

Li sobre as ideias de Dan Harmon em relação à estrutura na edição de outubro de 2011 da revista *Wired*, que também incluía uma ilustração do seu círculo de histórias.

Kurt Vonnegut desenhou suas formas de história em várias palestras, mas sua melhor explicação sobre o conceito pode ser encontrada no *Palm Sunday* (Delacorte Press, 1981). Ele revisou as formas mais tarde em *Um homem sem pátria* (Record, 2006).

Gustav Freytag foi um dramaturgo e romancista alemão que escreveu sobre o que passou a ser conhecido por todos como "Pirâmide de Freytag", em seu livro de 1876, *A técnica do drama* (*Die Technik des Dramas*).

7. Não se torne spam humano.
O sinal de pesca foi fotografado no Mueller Lake Park, em Austin, Texas.

A última foto foi feita no restaurante Dairy Queen, na Manor Road, na zona leste de Austin.

9. Venda-se.
O título da primeira seção é uma paráfrase de um professor do Whitman College, chamado Tommy Howells, cujos alunos gravaram dizendo: "O Renascimento, como todo o resto, teve que ser financiado." Leia mais de seus aforismos no Twitter: @TommyHowells.

"Por favor, pague" é uma intervenção em uma placa de estacionamento em Seattle, Washington.

"Meu negócio é arte" é uma intervenção em uma placa de estacionamento em Lockhart, no Texas.

Vi a placa do lado de fora da igreja presbiteriana de Knox em Toronto, Ontário.

10. Fique por perto.

"Você tem que ir embora para que possa voltar" foi algo que o personagem de David Lynch disse na terceira temporada do programa de televisão *Louie*.

MOSTRE SEU TRABALHO!